Thousands of people have already used the teachings in this book to improve their leadership skills and get results. Now it's your turn!

Yum to You!

David Novak

Milhares de pessoas já utilizaram os ensinamentos deste livro para melhorar suas habilidades de liderança e obter resultados. Agora é a sua vez!

Yum para você!
David Novak

LEVANDO AS PESSOAS COM VOCÊ

Cortesia da Yum! Brands

Fiz minha primeira aclamação Yum! no Dia do Fundador – 7 de outubro de 1997 –, data em que sofremos a cisão da PepsiCo, para ajudar a promover uma nova cultura repleta de diversão e energia positiva. Agora, nossos funcionários fazem a aclamação Yum! por todo o mundo, incluindo esses dois mil gerentes-gerais de restaurante que recentemente celebraram seu sucesso na Grande Muralha da China.

David Novak

PRESIDENTE DO CONSELHO
E CEO DA YUM! BRANDS

LEVANDO AS PESSOAS COM VOCÊ

A única maneira de fazer GRANDES coisas acontecerem

ALTA BOOKS
EDITORA
Rio de Janeiro, 2020

Levando Pessoas com Você
Copyright © 2020 da Starlin Alta Editora e Consultoria Eireli. ISBN: 978-65-5520-069-0

Translated from original Taking People with You. Copyright 2012 © by David Novak. ISBN 978-1591844549. This translatio published and sold by permission of Portfolio Penguim, the owner of all rights to publish and sell the same. PORTUGUESE langu edition published by Starlin Alta Editora e Consultoria Eireli, Copyright © 2020 by Starlin Alta Editora e Consultoria Eireli.

Tradução: Carlos Szlak

Produção editorial: Casa de Ideias

Preparação: Sonia Midori Yamamoto

Revisão: Carina Carvalho

Diagramação: Casa de Ideias

Capa: Alexandre Braga

Produção Editorial: Texto Editores LTDA - CNPJ: 34.942.671/0001-93

Dados Internacionais de Catalogação na Publicação
(CIP)(Câmara Brasileira do Livro, RJ, Brasil)

Novak, David, 1953- .
Levando as pessoas com você : a única maneira de fazer grandes coisas acontecerem / David Novak ; [tradução Carlos Szlak]. -- Rio de Janeiro : Alta Books, 2020.

Título original: Taking people with you : the only way to make big things happen

Bibliografia.

1. Liderança 2. Motivação no trabalho 3. Mudança organizacional 4. Sucesso nos negócios I. Título.

13-13855 CDD-658.4

Índice para catálogo sistemático:
1. Liderança : Empresas : Administração executiva
658.4

ALTA BOOKS
EDITORA

Rua Viúva Cláudio, 291 — Bairro Industrial do Jacaré
CEP: 20.970-031 — Rio de Janeiro (RJ)
Tels.: (21) 3278-8069 / 3278-8419
www.altabooks.com.br — altabooks@altabooks.com.br
www.facebook.com/altabooks — www.instagram.com/altabooks

ASSOCIADO CBL Câmara Brasileira do Livro

Para minha filha, Ashley, e para todas as pessoas do mundo que ambicionam ser as melhores líderes que puderem.

Agradeço em especial a todos que compartilharam seus insights e orientação e ajudaram a tornar este livro possível.

Os rendimentos do autor com este livro serão destinados ao Programa Mundial de Alimentos das Nações Unidas.

Sumário

Introdução
LEVANDO AS PESSOAS COM VOCÊ

Este livro parte de uma premissa: todos nós precisamos de pessoas que nos ajudem ao longo do caminho. Ninguém vai longe sozinho. Seja qual for seu objetivo – abrir um negócio, ser promovido, desenvolver ou lançar um produto, redirecionar os rumos da empresa, expandir o território de vendas, levantar fundos para uma boa causa ou, ainda, ser técnico do time de futebol de seu filho, que perdeu todos os jogos disputados, e dar a essas crianças o gostinho da vitória –, você vai precisar de pessoas para ajudá-lo. É impossível alcançar algo excepcional sozinho.

No início da carreira, passei por uma experiência que mudou minha visão sobre o papel de líder e me inspirou a realizar o que considero o maior exemplo de como "levar as pessoas com você". Naquela ocasião, eu trabalhava para a PepsiCo e, ascendendo na hierarquia da empresa, recentemente me tornara chefe de operações da Pepsi Bottling. Como até então minha experiência se concentrara na área de marketing, o mundo das operações era novo para mim. Uma das primeiras providências que tomei foi viajar para diversas unidades engarrafadoras a fim de conhecer as pessoas e descobrir mais sobre como as coisas funcionavam.

Eu estava na unidade de St. Louis, conduzindo uma reunião matinal com um grupo de vendedores externos, quando, entre cafés e donuts, fiz uma pergunta bastante objetiva referente a merchandising, isto é, a exposição e a visibilidade obtidas em lojas de conveniência e supermercados. Queria saber o que eles achavam que funcionava ou não. De imediato, um vendedor se manifestou: "Bob é o especialista da área. Ele pode lhe dizer como isso é feito". Outro acrescentou: "Bob me ensinou em um dia mais do que aprendi em dois anos na área". Todos os vendedores presentes concordaram: Bob era o melhor. Desviei o olhar para ele, imaginando que estaria empolgado com todos aqueles elogios. Em vez disso, vi lágrimas rolando em seu rosto. Ao lhe perguntar o motivo do pranto, Bob, que estava na empresa havia mais de quarenta anos e se aposentaria em apenas duas semanas, disse: "Nunca soube que as pessoas pensavam isso de mim".

O restante da visita à fábrica correu muito bem, mas passei aquele dia com uma sensação incômoda. Era uma pena que Bob nunca tivesse se sentido valorizado, sem falar na oportunidade perdida para o negócio. Todos poderiam ter se beneficiado de sua expertise, e mais pessoas poderiam ter aprendido com ele. Sem dúvida, aquele homem era notável no que fazia, mas quem sabe quanto seu desempenho poderia ter melhorado se a empresa tivesse reconhecido e recompensado seu conhecimento? Eu presumia que, assim como ele, outros funcionários da unidade também se sentiam ignorados e subestimados.

Sempre acreditei nas pessoas, mas aquela experiência me deixou ainda mais determinado a ser o tipo de líder que nunca permitiria que um profissional como Bob atravessasse toda a carreira sem ser reconhecido pelo que fez ou estimulado a descobrir quanto mais podia fazer. Eu queria que aqueles que trabalhassem para mim soubessem que tinham importância e que gostassem de vir trabalhar todos os dias. Também sabia que isso só aconteceria se eu me empenhasse. Cabia a mim projetar a verdadeira imagem da liderança, pois ninguém seguiria esses princípios, a menos que eu o fizesse primeiro. Como líder, você sempre deve se lembrar de que é um modelo de conduta para seus seguidores. Não se pode dizer uma coisa, fazer outra e esperar a confiança e a aceitação das pessoas. Um líder tem a oportunidade de dar o exemplo de como a empresa deve ser dirigida.

Atualmente, sou presidente do conselho de administração e CEO da Yum! Brands, a maior empresa de restaurantes do mundo e proprietária das marcas KFC, Pizza Hut e Taco Bell. Há mais de dez anos, quando assumi esse cargo, pensei a respeito dos Bobs do mundo e adotei como uma de minhas prioridades criar uma cultura de reconhecimento em que todos tivessem importância e que seria tão bem implementada que tornaria nossa empresa famosa por isso. Uma tarefa nada fácil, considerando-se que temos mais de 1,4 milhão de funcionários espalhados em 117 países. Mas, embora longe da perfeição, tem funcionado. Sei que sim, pois tenho provas disso praticamente todos os dias.

É bem provável que hoje em dia eu seja mais conhecido dentro de minha organização por projetar a imagem do reconhecimento e da energia positiva. Demonstro isso ao:

1. reconhecer as pessoas de maneira única em termos de desempenho;
2. saudá-las com a aclamação Yum! em todas as oportunidades que tenho.

Esses dois aspectos de nossa cultura se difundiram em todo o mundo. Quando comecei a distribuir prêmios de reconhecimento, decidi que seriam muito mais memoráveis do que uma tradicional homenagem com uma placa ou caneta. Quando estava na KFC, premiava com galinhas de borracha. Em meu atual cargo, distribuo uma dentadura sorridente montada sobre pernas magricelas e pés grandes. Atualmente, em todos os lugares onde atuamos, os líderes de nossa organização oferecem suas próprias versões desses prêmios. Na Índia, o diretor de RH reconhece os funcionários de melhor desempenho dando-lhes uma réplica do Taj Mahal, pois os trabalhadores que construíram o palácio são lembrados por sua paixão, determinação e excelência. Em Dubai, um gerente-geral concede um camelo em miniatura por ser um animal reverenciado no deserto por sua regularidade, perseverança e energia inesgotável. O chefe do departamento de engenharia premia, como não poderia deixar de ser, com um troféu em forma de pá, e nosso diretor financeiro entrega o "Show Me The Money Award", que consiste em um cofrinho transparente em forma de porquinho cheio de dinheiro de mentira e uma cópia do filme *Jerry McGuire – A grande virada*, que originou a famosa frase que dá nome ao prêmio. O fato de cada líder dedicar tempo à personalização das premiações torna o reconhecimento muito mais significativo e divertido para todos.

Eu arriscaria dizer que, atualmente, a maioria de nossos 1,4 milhão de funcionários em todo o mundo conhece e pratica a aclamação Yum!, soletrando o nome da organização: "Dê-me um Y", o líder diz, e os membros da equipe gritam de volta "Y!", e assim por diante. Quando comecei a fazer essas coisas, algumas pessoas advertiram que minhas "ideias ocidentais" não funcionariam em lugares como Ásia ou Europa. Sabe, elas estavam erradas. Acredito que, exatamente como Bob, todos, independentemente do que fazem ou de onde estão, desejam saber que são importantes e querem se divertir enquanto trabalham. Minha foto preferida, que está pendurada com destaque em uma das paredes de nossa matriz, mostra dois mil gerentes de restaurante orgulhosamente fazendo a aclamação Yum! na Grande Muralha da China, com as mãos levantadas bem alto para criar o "Y" de Yum! Essa foto sempre me faz lembrar de que minha imagem percorreu uma longa distância. Também me lembra do poder de levar as pessoas com você e do fato de que essa é a chave para alcançar resultados extraordinários. Meu objetivo com este livro é compartilhar tudo o que aprendi sobre como liderar uma equipe, para que você possa fazer exatamente a mesma coisa.

Levando as pessoas com você não é apenas um livro cheio de princípios de liderança como tantos outros. Na realidade, é mais um plano de ação. Oferece um processo muito específico, que ajuda a maximizar o potencial de um líder e mostra como aplicar as habilidades de liderança para atingir os objetivos mais importantes. É um livro que o obrigará a se olhar no espelho e a se desafiar para alcançar um nível superior. Um guia passo a passo e um manual de instrução, que resulta em um plano tangível e sempre útil para concretizar grandes projetos. Uma obra que visa formar não só um líder melhor, mas também um indivíduo melhor, mais autoconsciente e apto a incentivar as pessoas ao seu redor.

Como posso fazer promessas tão ousadas? Tenho certeza de que este livro é capaz de fazer tudo isso, pois desenvolvi e testei seu conteúdo nos últimos quinze anos. Ele resulta de um curso de liderança homônimo que ministrei para mais de quatro mil pessoas de minha organização.

Tudo começou em 1996, quando eu trabalhava para a PepsiCo como presidente da KFC e da Pizza Hut. Roger Enrico, então presidente do conselho de administração, me chamou e disse: "David, eu gostaria que você criasse um curso de liderança para os executivos da PepsiCo. Você tem uma reputação muito boa em montar e ajustar equipes, e eu gostaria que compartilhasse o que sabe e faz".

Fiquei muito honrado e empolgado com a oportunidade, pois é exatamente o tipo de coisa que gosto de fazer. Logo comecei a trabalhar no plano. Tinha quase equacionado o que apresentaria – havia até uma data programada para o primeiro curso dirigido a um grupo de quinze executivos da PepsiCo – quando recebi um telefonema que mudou tudo.

Era Roger de novo. Mas dessa vez ele tinha algo diferente para me dizer. "David, nós vamos desmembrar os restaurantes", revelou. De imediato, perguntei: "O que isso vai significar para nosso pessoal e nossa empresa?".

Significava o seguinte: a PepsiCo manteria suas marcas de alimentos industrializados – Pepsi e Frito Lay –, mas segregaria em outro negócio todas as suas três marcas de restaurante: KFC, Pizza Hut e Taco Bell. Elas seriam desmembradas para, juntas, constituirem uma nova empresa de capital aberto, totalmente independente.

Eu estava do lado do negócio de restaurantes e, naturalmente, não fazia mais sentido ministrar um curso de liderança para um grupo de executivos da PepsiCo com o qual não trabalharia mais. O programa foi engavetado, e me concentrei em outros detalhes, como o de quem lideraria a nova empresa.

A resposta a essa pergunta acabou sendo eu mesmo, junto com Andy Pearson, ex-presidente da PepsiCo e professor da Harvard Business School. Eu me tornei presidente, e Andy assumiu a presidência do conselho de administração e o cargo de CEO, além de ser meu mentor, mesmo depois de se aposentar e eu assumir seu lugar alguns anos mais tarde. Uma das primeiras coisas que Andy me disse quando estávamos começando foi: "Você gostaria de almoçar com Jack Welch, o lendário CEO da General Electric, e conversar com ele a respeito do que vamos fazer com nossa nova empresa?".

Naturalmente, respondi que sim. A oportunidade de conversar com um dos mais bem-sucedidos homens de negócios vivo era boa demais para ser rejeitada. Perguntei a Jack tudo o que me ocorreu e anotei todas as respostas. Uma de minhas últimas perguntas foi: "Se você estivesse em meu cargo, prestes a iniciar uma nova empresa, o que faria?".

O que Jack disse fez todo o sentido: "Ao recordar minha carreira na General Electric, uma das coisas que eu gostaria de ter feito é conversar mais com nosso pessoal a respeito do tipo de empresa que idealizava para nós... quais eram nossos valores e o que realmente defendíamos".

Voltei ao escritório e passei a semana seguinte pensando em como poderia fazer exatamente isso.

Eu queria que fôssemos uma empresa com uma cultura diferenciada, que girasse em torno de uma crença genuína nas pessoas. Revisei meu curso de liderança para que comunicasse essa mensagem. Meu objetivo era dimensionar o curso para que tivesse o maior alcance possível, tornando-o relevante a um público mais amplo. Evidentemente, há muitos envolvidos quando se trata de comunicar uma mensagem importante sobre nossa empresa. O lançamento desse curso foi meu primeiro passo na direção de construir a cultura única Yum!.

Ministrei o curso "Levando as pessoas com você" pela primeira vez para um grupo de apenas oito executivos, em Londres. Nos anos seguintes, expandi o alcance significativamente e reforcei o conteúdo com adições, refinamentos e melhorias constantes. Como CEO de uma empresa incluída na lista "Fortune 500", tive a oportunidade, com minha equipe, de estudar as melhores práticas e aprender com algumas das mais bem-sucedidas do mundo. Entrevistei especialistas como Jim Collins sobre criação de grandes empresas, Larry Bossidy sobre execução, Bob Rotella sobre psicologia da vitória, John Wooden sobre coaching em desempenho, Noel Tichy sobre um "ponto de vista transmissível" e Ken Blanchard sobre uma cultura de valorização das pessoas. Busquei insights de CEOs ativos muito respeitados, como Jamie Dimon, Indra Nooyi, Bill Weldon, Jeff Immelt, Dave Cote, Steve Burke, Randall Stephenson, Andy Taylor e Alan Mulally. Também pude contar com a sabedoria de uma diretoria prestigiosa, que inclui David Dorman, Ken Langone, Massimo Ferragamo, Jon Linen, David Grissom, Tom Nelson, Bonnie Hill, Tom Ryan, Bob Holland e Bob Walter. (No final deste livro, há uma lista das pessoas que procurei em busca de conhecimento, incluindo entrevistas minuciosas gravadas em vídeo, que fiz com muitas delas para compartilhar com os participantes de meu curso de liderança.) Nas páginas a seguir, você verá como esses líderes e especialistas, que figuram entre os mais bem-sucedidos da atualidade, aplicam muitos passos deste livro em seus negócios.

Este livro também conta com a inclusão de ferramentas interativas fornecidas por dois dos mais eminentes pensadores da cultura e do pensamento inovador em negócios:

John O'Keeffe. Há alguns anos, em visita à divisão chinesa da Yum!, reparei que os membros da equipe exibiam uma enorme motivação em relação ao desempenho. Todas as pessoas com quem eu conversava tinham grandes objetivos para o trabalho que realizavam e utilizavam expressões como *step-change* [mudança significativa] e *breakthrough* [grande avanço]. Essa divisão era, e ainda é, muito bem-sucedida. Como a China é nosso maior mercado, e aquele com expansão mais acelerada, eu precisava descobrir o que tudo aquilo significava. Questionei o chefe da divisão chinesa, Sam Su, e ele me falou sobre o curso Business Beyond the Box [Negócios além dos parâmetros convencionais] que fez em Londres, ministrado por seu ex-colega na Procter & Gamble, John O'Keeffe, um palestrante internacional e também escritor. Sam gostou tanto da experiência que traduziu o material para o mandarim e passou a treinar todos os membros de sua equipe. Fiquei tão impressionado com o sucesso do treinamento na China que quis estendê-lo a toda a organização. Atualmente, graças aos esforços de Tim Galbraith, nosso vice-presidente de desenvolvimento de recursos humanos, disseminamos uma versão do curso de John intitulada Achieving Breakthrough Results [Como alcançar resultados arrasadores] por todos os cantos, tornando-a parte inestimável da formação de pessoal na Yum! Brands. Generosamente, John permitiu que utilizássemos diversas ferramentas desse curso ao longo deste livro.

Larry Senn. Conheci e trabalhei com Larry, fundador e presidente do conselho de administração da Senn Delaney, quando assumi a presidência da KFC, em meados da década de 1990. De forma inesperada, recebi uma carta de um especialista em cultura organizacional, que dizia ter um processo, incluindo ferramentas e exercícios, que ajudava as pessoas a se tornarem líderes melhores e trabalharem melhor em equipe. Conheci-o e fiquei tão impressionado que levei minha equipe da KFC a Blackberry, no Tennessee, para que aprendessem com Larry. Por sua vez, os membros de minha equipe ficaram tão impressionados que levaram as ferramentas para os membros de suas equipes, e a influência de Larry continuou se espalhando, até alcançar os funcionários da linha de frente. Voltei a empregar os processos de Larry e da Senn Delaney ao assumir o comando da Pizza Hut e nos primeiros anos após a cisão, para desenvolver e implementar nossa cultura em todo o mundo. Várias das ferramentas de Larry que são minhas favoritas estão incluídas neste livro.

✚ Como usar este livro

Ainda ministro meu curso "Levando as pessoas com você" com regularidade – até oito vezes por ano, em sessões de três dias – e muitas vezes me perguntam como, na minha posição, consigo achar tempo para isso. Penso que, com três marcas famosas e uma infraestrutura internacional em pleno funcionamento, se eu conseguir ensinar meu pessoal a realizar grandes projetos, o potencial de crescimento será ainda maior. Tenho a satisfação de dizer que, apesar dos desafios globais, a Yum! Brands prosperou durante a crise econômica dos últimos tempos. O valor de nossas ações se multiplicou por seis e tivemos um crescimento de no mínimo 13% nos últimos nove anos. O fato de nossa organização colocar em prática as lições deste livro é um dos principais motivos de nosso sucesso.

Um líder eficaz tem de se orientar por objetivos; caso contrário, pode acabar simplesmente liderando pessoas em círculos. Começarei o próximo capítulo com uma pergunta provocativa: qual é o principal fator que você acha que fará seu negócio crescer ou causará impacto em sua vida?

Assim que você definir seu objetivo no primeiro capítulo, cada um dos demais enfocará um único passo ao longo do caminho para alcançá-lo. Esses passos são divididos em três sessões:

1. inteirar-se da atitude mental correta em liderança;
2. desenvolver um plano e construir alinhamento;
3. prosseguir tanto na execução desse plano como no apoio ao seu pessoal.

No fim de cada capítulo, você será desafiado a refletir a respeito do ponto em que está em relação à lição que acabou de ler e será convidado a aplicar o que aprendeu em seu objetivo atual. Cada uma dessas três partes do livro terminará com perguntas adicionais para ajudá-lo a pôr em prática as lições aprendidas, fazendo com que essa experiência vá além de uma mera leitura passiva. Este é um livro que você pode usar para crescer de modo consistente, além de refinar e alcançar seus objetivos.

Meu conselho é que você *não* leia este livro do começo ao fim de uma só vez. Nesse caso, você estará se subestimando. Este é um manual sobre como realizar ações melhor e mais rapidamente, motivando as pessoas a ajudá-lo a alcançar seus objetivos. Para fazer isso corretamente, é preciso dedicar tempo à reflexão de cada passo e de seu estilo de liderança. Na realidade, sugiro que você não leia mais do que um capítulo por dia. No todo, são quatorze capítulos, o que significa que, em apenas duas semanas, você pode estar no caminho certo para ser o tipo de líder que concretiza grandes projetos. Se estiver disposto a investir esse tempo, acredito que este poderá ser um dos livros mais poderosos e mais orientados para ação que você já leu.

1 Uma abordagem orientada ao insight para liderar pessoas e alcançar grandes objetivos

Você tem de começar se fazendo três perguntas muito importantes, que vão orientar sua abordagem à liderança e permitir que mobilize as pessoas. São elas:

1. Qual é o principal fator que você acha que fará seu negócio crescer ou mudará sua vida?
2. Quem você deve sensibilizar, influenciar ou mobilizar para ser bem-sucedido?
3. Quais percepções, hábitos ou crenças desse público-alvo você precisa desenvolver, mudar ou reforçar para alcançar seu objetivo?

Antes de lhe pedir que responda a essas perguntas, devo explicar a forma correta de abordá-las. Quando Roger Enrico me pediu para desenvolver um curso sobre liderança, tive de refletir e me perguntar qual era meu segredo para mobilizar as pessoas. Como, exatamente, eu conseguia fazer com que elas falassem a mesma língua e perseguissem um objetivo? Cheguei à conclusão de que a chave do sucesso de minha liderança derivava da capacidade de pensar como gestor de marketing.

Atualmente exerço o cargo de CEO, mas sou um profissional de marketing de coração. Não me formei na Harvard Business School, mas na University of Missouri, com graduação em jornalismo e especialização em propaganda. Meu primeiro emprego após a faculdade foi como redator publicitário em uma minúscula agência de publicidade em Washington, que só atendia contas de empresas locais. A partir desse modesto começo, minha carreira cresceu até onde está hoje.

Em marketing, aquele que conseguir penetrar na mente dos clientes terá a oportunidade de solucionar os problemas deles de um modo capaz de melhorar seu próprio negócio. É preciso ter uma compreensão clara do que eles pensam e por que pensam desse jeito. A fim de conseguir que consumidores comprem seu produto, por exemplo, você tem de começar a perceber o que os convencerá de que não podem, ou não devem, viver sem ele. Um líder bem-sucedido, aquele que consegue grandes realizações, precisa incutir esse mesmo tipo de insight nas mentes daqueles a quem lidera.

Para dar um exemplo de como isso funciona em marketing, vou contar como recuperamos a Taco Bell há alguns anos. Atualmente, essa é nossa marca mais lucrativa nos Estados Unidos, mas houve um tempo em que passamos por uma situação difícil. Em consequência disso, fizemos um estudo para detectar o problema e descobrimos que a maior, a mais importante e a mais frequente queixa dos clientes em relação à marca era sobre os produtos serem desajeitados demais para o transporte. Tacos, burritos e nachos não combinavam com movimento porque os recheios poderiam cair facilmente no colo de quem se atrevesse a comer e dirigir. Esse é um problema muito sério quando 70% do negócio gira em torno do sistema drive-thru.

Antes desse estudo, a Taco Bell havia lançado dois produtos que fracassaram no teste de mercado: uma quesadilla e um burrito grelhado. O lançamento se baseou em anúncios descritivos que informavam que a Taco Bell tinha agora uma nova quesadilla e um novo e maior burrito grelhado. Ocorre que os dois produtos também eram muito fáceis de comer em movimento, pois o processo de preparação na grelha impedia que os recheios escapassem da tortilha. Por isso, nós os reposicionamos como fáceis de levar e comer. Contratamos Jeff Bezos, da Amazon, como garoto-propaganda e anunciamos a quesadilla como o novo "dispositivo móvel" mais cobiçado do mercado, pegando carona no mais recente modismo tecnológico que tanto atraía nosso público-alvo jovem. Depois, relançamos o burrito grelhado como o "portátil resistente", com uma propaganda realmente divertida. E adivinhem o que aconteceu? Os mesmos produtos que haviam fracassado antes geraram um crescimento de vendas de dois dígitos nas lojas abertas há pelo menos um ano. Ao reposicioná-los no contexto de como nossos clientes pensavam e apresentá-los como uma solução para o principal problema deles com nossa marca, esses produtos se tornaram um imenso sucesso.

Em seguida, nos baseamos nessa fórmula de sucesso para criar o Crunchwrap como o produto ideal para comer em movimento. Os recheios ficavam selados dentro de uma tortilha macia em formato octogonal. Na propaganda, os clientes declaravam que o Crunchwrap era "good to go" [fácil de levar], enquanto faziam um movimento em forma de onda com a mão que ajudou o slogan a se tornar viral e ser incorporado ao vocabulário do dia a dia. Mais importante ainda, o Crunchwrap foi eleito o produto do ano pela revista *Nation's Restaurant News*, o que resultou em um crescimento de vendas em lojas abertas há pelo menos um ano. Novamente, ao enfocarmos a portabilidade, criamos um produto vencedor. Foi um insight notável, que reergueu a Taco Bell.

O que fizemos na Taco Bell é o que eu chamo de "reformulação". Não se deve falar apenas do que é oferecido aos consumidores; é preciso se certificar de que uma marca ou um produto está posicionado de um modo relevante para quem se tenta influenciar. Esse tipo de pensamento orientado ao insight funciona em todos os tipos de situação. A barra de chocolate Snickers alcançou um crescimento de vendas excepcional quando captou a percepção dos consumidores de que doces não fazem bem e começou a apregoar sua marca como "The snack that satisfies" [o lanche que satisfaz]. A Swatch fez algo similar quando, em vez de se posicionar como outra marca de relógio, percebeu que os consumidores queriam usar relógios como acessórios de moda. A marca começou a oferecer uma grande variedade de pulseiras e, em pouco tempo, seus produtos viraram tendência da moda. Depois que os responsáveis pelo cereal Corn Flakes da Kellogg's perceberam que os clientes ficaram tão encantados com a grande variedade de novos produtos à base de cereal que se esqueceram da marca clássica, eles rejuvenesceram as vendas ao desafiar os consumidores com a frase "Taste it for the first time" [prove pela primeira vez]. A Pampers revitalizou sua imagem e as vendas mudando o foco de uma marca que representava fraldas secas, o que qualquer concorrente poderia alegar, para uma marca que agradava às mães, ao enfatizar o quanto a empresa se importava com o desenvolvimento de seus bebês. E quem for da minha faixa etária deverá se lembrar da tática bem-sucedida da Oldsmobile para combater uma imagem ultrapassada, ao declarar sobre seu novo modelo: "Not your father's Oldsmobile" [não é o Oldsmobile de seu pai]. Você captou a ideia. Saber como as pessoas pensam lhe dá o insight necessário para reformular seu produto de maneira a trazê-las para o seu lado.

A boa notícia para você como líder é que essa abordagem orientada pelo insight não funciona só com clientes; é o primeiro passo certo em qualquer situação de liderança. Por exemplo, Jim Stengel, atualmente professor na Anderson School of Management, da UCLA [Universidade da Califórnia em Los Angeles], me contou que assumiu o cargo de diretor de marketing global da P&G, em 2001, com o intuito de penetrar a mente das pessoas a quem devia liderar. A empresa não estava bem naquela época, o que o levou a contratar dois professores para descobrir por que aquilo acontecia e que efeito tinha nas pessoas que trabalhavam ali.

"Passamos algum tempo conversando com funcionários da P&G de todo o mundo", Stengel me explicou. "Queríamos entender o que se passava em sua mente, o que os angustiava e o que a vitória significaria para eles. Aplicamos nas pessoas de nossa organização as mesmas técnicas usadas para o estudo de marcas. E o que descobrimos foi que elas não dedicavam tempo com o que realmente gostavam. Não viam sentido no que faziam. Tinham muita vontade de vencer, mas a empresa simplesmente não vencia."

Stengel começou a enfrentar os problemas um por um, e o esforço teve um impacto real. Por exemplo, existia uma tradição na P&G na qual as pessoas assumiam um novo cargo a cada dezoito meses, aproximadamente. A prática não era muito apreciada, pois significava que as pessoas tinham pouco tempo para se sentir à vontade em suas funções. No entanto, ninguém queria expressar desagrado a esse respeito, pois poderia parecer que não estavam dispostas a trabalhar em equipe ou não queriam ser promovidas. Mas Stengel concordou que essa não era a melhor maneira de utilizar a capacidade das pessoas e reformulou a questão, declarando publicamente que manteria os funcionários em seus cargos por mais tempo, a fim de desenvolverem melhor suas expertises. Como ele também queria trazer de volta o espírito de diversão e criatividade para o local de trabalho, fez coisas como levar um grupo para o Festival Internacional de Publicidade de Cannes, para mostrar que acreditava na importância da criatividade. As coisas só passaram a mudar de direção, também financeiramente, depois que Stengel começou a solucionar os problemas que as pessoas tinham e a alterar suas percepções a respeito do ambiente de trabalho.

Como eu sei que funciona, acredito ser absolutamente imperativo usar a abordagem orientada ao insight e, pode acreditar, utilizo-a todas as vezes que preciso mobilizar as pessoas. Enquanto escrevia este livro, por exemplo, também me preparava para nossa reunião anual de investidores, em Nova York, onde discutiríamos a situação financeira da empresa e apresentaríamos nossa perspectiva futura no curto e no longo prazo. Ocupo o cargo de CEO da Yum! Brands há mais de dez anos e sinto orgulho de dizer que foram anos realmente lucrativos para a empresa. Nossas ações superaram de maneira consistente o desempenho da média do mercado e estavam acima de 40% por ocasião da reunião. No entanto, falar do passado não é muito interessante para os investidores; na realidade, para eles resultados passados são como o jornal de ontem. O que os investidores querem saber é se conseguiremos manter o ritmo. Teremos outro ano rentável? Onde estaremos em dez anos? Perdemos o fôlego ou vamos continuar a crescer? Meu desafio era: como reformular nossa mensagem, desempenho e potencial para os investidores de uma maneira que retrate, de modo fiel, o que estão pensando no momento? Como você verá logo a seguir, foi exatamente isso que fiz. Entrar na mente daqueles de que você precisa é seu ponto de partida para mobilizá-los.

✚ Qual é seu Grande Objetivo?

A primeira tarefa de um líder de sucesso é ter uma ideia de aonde quer levar as pessoas. Começo meu curso "Levando as pessoas com você" com um pergunta direta: *Qual é o principal fator que você acha que fará seu negócio crescer ou mudará sua vida?*

Eu disse que era uma pergunta direta, não uma pergunta fácil. A resposta representará o que denomino "Grande Objetivo", que significa algo além de apenas pequenas melhorias ou um crescimento modesto. Não é muito ousado apresentar um resultado um pouco melhor do que o ano anterior.

Definir o objetivo certo é a chave para alcançar o sucesso, e muitas vezes os líderes ficam aquém das expectativas nessa área por terem ambições modestas. Nenhum de nós quer fracassar, por diversos motivos (manter o emprego está entre os principais deles), e tendemos a ser cautelosos sobre o patamar que fixamos para nossos objetivos. No entanto, a verdade é que visar o razoável, em vez de a grandeza, não inspirará as pessoas a seu redor. Também significa que você nunca terá a chance de descobrir do que você e as pessoas que lidera são verdadeiramente capazes. Isso é uma lástima para sua empresa, para seu pessoal e para você.

Antes de responder àquela pergunta, questione-se: "Estou pensando grande?" A ferramenta a seguir vai ajudá-lo a refletir sobre seu Grande Objetivo e determinar se você deve ter ambições mais altas.

Ferramenta: "IMAGINE UMA MUDANÇA SIGNIFICATIVA"

Neste livro, você encontrará ferramentas como esta, que aprendi com John O'Keeffe, a quem mencionei na introdução. Essas ferramentas visam a ajudá-lo a pôr em prática ideias importantes, estimulando-o a esmiuçá-las e aplicá-las a suas habilidades como líder ou ao objetivo que tenta alcançar.

Utilizo essa ferramenta, por exemplo, para me assegurar de que estou pensando grande quando defino objetivos para mim e para minha equipe. Imagine, por um momento, que você é um saltador e está tentando descobrir em que altura deve colocar a barra para o próximo salto. Um pouco mais alto do que em seu último salto? Para superar a marca anterior, deve utilizar o mesmo método usado antes e se esforçar um pouco mais?

Que tal uma mudança significativa? Como superar uma barra colocada a uma altura duas vezes maior do que a do salto anterior? Sem dúvida, não seria possível saltar tão alto usando apenas as pernas. É preciso pensar em novos métodos, como usar uma vara, um trampolim ou uma escada para auxiliar na transposição da barra. Ou talvez exista um jeito de voar sobre ela, com uma asa-delta, por exemplo.

Visar pequenas melhorias na maneira em que você já está acostumado a fazer algo não mudará seu modo de pensar e, portanto, não abrirá sua mente para novas possibilidades. Quando você imagina uma mudança significativa, é forçado a propor novos métodos com mais potencial.

Lembre-se: é mais fácil colocar em prática ideias poderosas do que transformar ideias prosaicas em poderosas.

Imagine uma mudança significativa para seu negócio

Uma mudança significativa, ou um Grande Objetivo, como denominei anteriormente neste capítulo, é o oposto de um objetivo incremental. Se suas vendas cresceram 3,5% no ano passado e a meta para este ano é um crescimento de 4%, trata-se de um pensamento incremental. Você tem boa chance de alcançar sua meta, mas nunca saberá até onde poderia chegar se optasse por um desafio mais ambicioso.

Se, em vez disso, sua meta for 15%, esse será um desafio ousado. Talvez você chegue lá, talvez não, mas a tentativa o levaria mais longe do que se não tentasse. Suponha que você alcance a metade de sua meta: ainda é um crescimento de 7,5% contra os 4% originalmente cogitados... É uma diferença significativa.

Esta ferramenta funciona porque as ideias propostas por você ou sua equipe estão associadas diretamente ao tamanho do objetivo estabelecido. Imagine a mudança significativa em primeiro lugar; depois, busque ideias para alcançá-la.

Maneiras de utilizar esta ferramenta

- Pense em uma meta existente. Agora, multiplique-a por dois. Quais ideias surgem sobre o que fazer para dobrar a meta?

- Pense em um prazo existente. Agora, corte-o pela metade. Quais ideias surgem sobre o que fazer para cortar os prazos pela metade?

As ideias que surgirão serão poderosas, mas é provável que seja trabalhoso colocá-las em prática. No entanto, lembre-se de que é mais fácil colocar em prática ideias poderosas do que transformar ideias prosaicas em poderosas. Em meu caso, quando era presidente da KFC, tínhamos um ciclo médio de compra do cliente de uma vez a cada cinquenta dias. Em vez de declarar guerra contra a concorrência, reformulei nosso desafio declarando guerra contra o ciclo de cinquenta dias e vislumbrando como nosso objetivo de mudança significativa o oferecimento de uma refeição especial e muito saborosa para nossa clientela, no mínimo uma vez por semana. O que seria necessário para isso? Sabíamos que teríamos de oferecer mais variedade do que apenas frango frito para que as pessoas voltassem com mais frequência. Em consequência, criamos alguns novos produtos realmente bem-sucedidos que ampliaram nosso atrativo: o frango assado como uma alternativa ao frango frito, tiras de frango crocantes como uma opção para viagem e empadões como complementos da refeição caseira. Conseguir que nossos clientes voltassem todas as semanas não deixou de ser uma aspiração, mas esse modo de pensar nos ajudou a trazê-los às lojas com mais frequência, cortando alguns dias do ciclo médio de compra, o que foi uma grande vitória para nós em termos financeiros.

✚ Quem é o público-alvo de seu Grande Objetivo?

É possível alcançar o Grande Objetivo sozinho? A resposta é "não". *Nesse caso, quem você deve sensibilizar, influenciar ou mobilizar para ser bem-sucedido?*

A resposta a essa segunda pergunta-chave estabelecerá o público-alvo de seu objetivo. Pode incluir seu chefe, colegas de trabalho, membros de sua equipe, pessoas de outros departamentos cuja ajuda é necessária ou até de fora da organização, como acionistas, fornecedores, clientes ou parceiros comerciais. Um dos maiores erros que os líderes cometem nessa área é não pensar em *todos* os que eles têm de liderar para chegar aonde querem. Deve-se fazer isso com o mesmo foco que um profissional de marketing ao identificar possíveis clientes.

O exercício a seguir, intitulado "Mapa de Pessoas", vai ajudá-lo a refletir a respeito de quem você precisa alcançar para conquistar o Grande Objetivo. Voltaremos a esse mapa mais tarde, para assegurar que você pensou em todas as pessoas que precisa mobilizar.

✚ Planilha do Mapa de Pessoas

Ao avaliar o que você quer realizar, identifique as pessoas que precisa trazer para seu lado para alcançar o Grande Objetivo.

1. Utilizando o mapa a seguir, escreva o Grande Objetivo no círculo central.
2. Identifique os grupos de pessoas que você precisa trazer para seu lado a fim de alcançar o Grande Objetivo, tais como sua equipe, stakeholders, clientes etc. Amplie sua visão: outras funções estão envolvidas? Outras empresas? Outros setores? Você pensou em todos os que precisa mobilizar? Levou em consideração todos os níveis hierárquicos da organização?
3. Se for relevante, escreva os nomes de pessoas específicas dentro de cada grupo que precise trazer para seu lado.

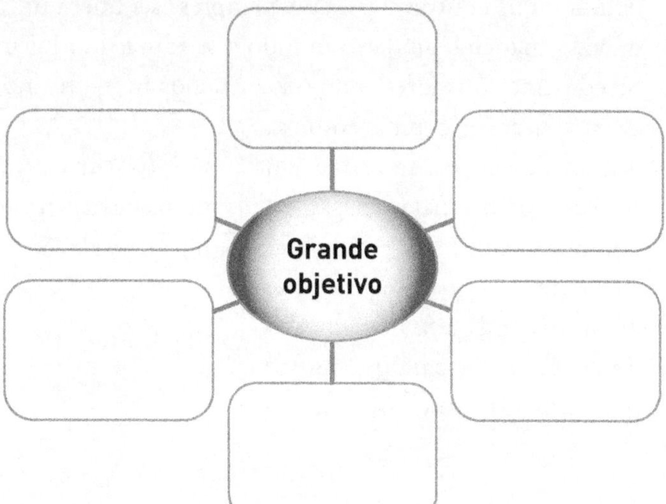

✚ Grande Objetivo O que seu público-alvo pensa?

Assim que você tiver uma noção abrangente das pessoas as quais precisa liderar, a questão passará a ser como motivá-las. Nesse caso, a pergunta que você deve se fazer é a mesma que formulei como executivo de marketing ao vender uma nova ideia ou produto a um cliente: *quais percepções, hábitos ou crenças do público-alvo preciso desenvolver, mudar ou reforçar para alcançar meu objetivo?*

Reflita sobre quais serão as objeções. Pode ser que sua ideia já tenha sido testada e se revelado um fracasso, e as pessoas estarão pensando "já vi esse filme". Se for esse o caso, você terá de superar a crença de que a ideia não funciona deixando claro desde o início por que as coisas podem ser diferentes dessa vez. Ou talvez o Grande Objetivo pareça muito trabalhoso para o público-alvo sem a devida recompensa. Essa é uma percepção que você terá de abordar, mostrando às pessoas o que elas podem ganhar com isso.

Durante a recente tarefa de preparação para uma reunião com os investidores, utilizei esse mesmo processo e respondi a estas três perguntas:

1. *Qual é meu maior desafio?* Meu Grande Objetivo é tornar a Yum! Brands a empresa global que alimenta o mundo e é decisiva no setor. Com nossas poderosas marcas globais e 1,4 milhão de funcionários em todo o mundo, temos a oportunidade de definir o que contribui para uma empresa ser líder multinacional e, dessa maneira, ajudar o mundo a se tornar um lugar melhor. Se conseguirmos fazer tudo isso, seremos invejados no negócio de restaurantes e uma empresa que as outras se esforçarão em copiar. Porém, para chegar lá, devemos continuar a obter resultados. Devo assegurar que a Yum! Brands está no caminho do crescimento, para que nossos próximos dez anos sejam, no

> *A liderança é a arte de inspirar alguém a ter vontade de fazer algo que você quer que seja feito.*
>
> – Dwight D. Eisenhower

mínimo, tão bons quanto meus primeiros dez anos como CEO, se não muito melhores.

2. *Quem preciso mobilizar?* No caso de nosso encontro anual de investidores, a resposta é: os acionistas, tanto os existentes quanto os novos, e os analistas de mercado, ou seja, os especialistas que redigem relatórios analíticos com recomendações para os investidores sobre compra, retenção ou venda de suas ações. Sei que, para atingir meu objetivo, primeiro tenho de convencer as pessoas de que ele é viável. Sem o apoio da comunidade de investimentos, simplesmente não vai dar certo.
3. *O que eles pensam?* Neste caso, perguntei a Tim Jerzyk, meu ilustre líder de relações com o investidor, o que nosso público-alvo dizia. Ele me disse que a maior preocupação deles era se nossa empresa havia atingido o limite de crescimento e, portanto, se aquele era o melhor momento de comprar nossas ações, dado nosso imenso sucesso. Esse é o problema de percepção que enfrentamos, e temos de resolvê-lo.

Para neutralizar essa noção, a primeira coisa que quis reforçar aos investidores foi que temos um histórico de resultados positivos ano após ano. Demonstrei que geramos um crescimento de, no mínimo, 13% de ganhos por ação para cada um dos últimos nove anos. Isso confere a nós credibilidade e aos investidores uma base para acreditar que vamos cumprir com nossa palavra.

Para mudar a percepção de que podíamos não ser capazes de sustentar nosso crescimento, decidimos enfatizar para os investidores o segmento em que mais crescemos: o de negócios internacionais. O foco de nossa apresentação foi "On the ground floor of global growth" [no piso térreo do crescimento global], e achamos maneiras empolgantes de demonstrar que, ainda que nossas marcas de restaurantes já tivessem sucesso em mercados globais como China, Índia e Rússia, só havíamos alcançado a ponta do iceberg. A China, um segmento muito lucrativo de nosso negócio, possui apenas três restaurantes por milhão de habitantes. Basta comparar esse número com os 60 restaurantes por milhão de habitantes nos Estados Unidos e computar o índice de crescimento demográfico chinês com sua classe média em rápida expansão para perceber que o potencial de crescimento ali é enorme. Também falamos a respeito do potencial de expansão em mercados emergentes como o Sudeste da Ásia e a África. Atualmente, temos uma presença sólida nessas duas regiões, possivelmente a posição mais forte de qualquer marca de serviço rápido existente, com amplas oportunidades de desenvolvimento. Na África do Sul, a KFC está prosperando: em 2010, foi considerada a terceira marca mais amada do país e a marca de varejo mais conhecida de todas. Com esse ponto de partida, estamos apenas começando a abrir filiais em outros países africanos como Nigéria, Gana, Angola e Zâmbia. Muitas dessas economias são mais fortes e estáveis do que se imagina e praticamente não têm concorrência em nossa categoria.

Mostramos os dados aos investidores, expusemos nossos planos e, no fim da reunião, ficou claro que estávamos no rumo certo para atrair as pessoas daquela sala para nosso lado. Isso ficou patente em todos os relatórios positivos publicados pelos analistas no dia seguinte, repercutindo a confiança em nossa capacidade de crescimento no curto e no longo prazo. Era exatamente o que queríamos escutar de nosso público-alvo.

A conclusão é a seguinte: quando conseguimos identificar com exatidão as pessoas de quem dependemos para concretizar algo e, em seguida, descobrimos como pensam, então teremos a melhor chance de convencê-las a nos ajudar a realizar grandes projetos. Isso pode soar como senso comum, mas o que percebi acerca do senso comum é que ele não é tão comum assim. Muitos simplesmente ignoram esse ingrediente fundamental da liderança.

Agora vamos trabalhar em seu projeto. Reserve algum tempo para refletir sobre essas três perguntas e preencher a planilha a seguir. As respostas para elas são seu ponto de partida. O objetivo que você estabelecer neste primeiro capítulo é aquele que este livro ajudará a alcançar mostrando como mobilizar as pessoas a seu favor. O que vem a seguir é um roteiro para tornar isso realidade.

Devagar se vai longe

David Cote, CEO da Honeywell International, começou a carreira como funcionário horista e se lembrou daqueles tempos ao tentar entender o que seu público-alvo, ou seja, os operários da fábrica, pensavam quando a administração decidiu introduzir um novo sistema operacional. "Tendo sido funcionário horista, sei que há uma forte tendência de considerar esses trabalhadores apenas como um par de braços, sem realmente levá-los à reflexão. Por isso, o que fazemos é começar a envolver nossos quarenta mil [funcionários horistas] nesse processo. E isso leva tempo. Não se chega para alguém que trabalha em uma fábrica há vinte anos e diz: 'Até terça-feira, continue fazendo o que está acostumado a fazer; na quarta-feira, adotaremos um novo programa e você precisará passar a pensar de um modo completamente diferente'. Há um processo de amadurecimento a percorrer. Para nós, converter plenamente uma fábrica ao programa Honeywell Operating Plant leva dois anos, pois isso começa com liderança, com discussões, com envolvimento. Às vezes, devagar se vai longe."

✚ Planilha do Grande Objetivo

QUAL É SEU MAIOR DESAFIO?

Seu maior desafio *deve* ser a mudança significativa. Não é algo que você conseguirá realizar facilmente nos próximos dias, semanas ou até mesmo meses.

1. Qual é o principal fator que você acha que fará seu negócio crescer ou mudará sua vida?
2. Descreva o resultado que você vislumbra, se seu Grande Objetivo for cumprido. Enquanto faz isso, pergunte-se: estou pensando suficientemente grande? Esse desafio me deixa empolgado? Fico um pouco nervoso? Meus colegas vão pensar que não é um simples objetivo, mas sim um Grande Objetivo?

QUEM VOCÊ PRECISA MOBILIZAR?

Quem é seu público-alvo? Quem são as pessoas de quem você mais depende para alcançar seu objetivo de mudança significativa? Complete o formulário do Mapa de Pessoas para responder a essa pergunta.

QUAIS PERCEPÇÕES, HÁBITOS E CRENÇAS MAIS IMPACTAM SEU DESAFIO?

Quais percepções, hábitos ou crenças de seu público-alvo você precisa desenvolver, mudar ou reforçar para alcançar seu objetivo? Pode haver variação em grupos ou indivíduos distintos.

parte um

TENHA A ATITUDE MENTAL CORRETA

Ter um bom juízo das coisas é a base de qualquer sucesso que se almeje. Na realidade, não tenho dúvida de que, para ser eficaz como líder, é preciso antes pensar como um grande líder.

Sua capacidade de alcançar seus objetivos tem tanto a ver com sua forma de ver o mundo como com seu nível de educação e inteligência. Você tem pleno controle disso porque a atitude mental está em suas mãos.

Algumas atitudes mentais são boas e poderosas; outras, ruins e limitadas. Avalie este cenário que John O'Keeffe compartilhou conosco:

> *Dois fabricantes de calçados chegam a um novo país querendo expandir seus negócios. Os moradores locais, porém, são muito diferentes dos clientes com os quais ambos estão acostumados a lidar em seu país. Na realidade, eles não usam sapatos, preferindo andar descalços em todas as estações, em qualquer período do ano.*
>
> *O primeiro fabricante avalia a situação e afirma: "Não há mercado aqui. Essas pessoas não usam sapatos!".*
>
> *O segundo olha em volta e diz: "Há um mercado imenso aqui. Ninguém usa sapatos!".*

Nesse caso, a diferença é tão óbvia quanto o dia e a noite. Sua forma de enxergar uma situação ou uma tarefa pode afetar muito as ações que tomará. Os capítulos desta parte lhe darão as chaves para pensar de maneira mais poderosa a respeito de si mesmo, das pessoas a seu redor e do trabalho que deseja realizar.

Ferramenta: "ESCOLHA ENTRE ATITUDES MENTAIS PODEROSAS E ATITUDES MENTAIS LIMITADAS"

O que é uma atitude mental? É um prejulgamento, uma tendência, uma maneira predeterminada de ver as coisas. Todos nós temos atitudes mentais: algumas boas e poderosas; outras, ruins e limitadas.

Atitude mental limitada

- "O que funciona na China não funciona aqui."
- "A matriz não entende meu mercado."

Atitude mental poderosa

- "É incrível que uma ideia ocidental funcione na China. Portanto, é possível que funcione aqui."
- "A matriz pode ser uma grande ajuda para meu mercado."

A questão-chave, ao aplicar essa ferramenta a seu modo de pensar como líder, consiste em lembrar que uma atitude mental é algo que você escolhe, e não algo para ser deixado nas mãos do destino.

Como utilizar esta ferramenta

- Comece observando em silêncio as atitudes mentais limitadas de outras pessoas (colegas, familiares, amigos). Perceba com que frequência elas têm atitudes mentais que prejudicam seus resultados (por exemplo, "não sou capaz de fazer isso"; "sempre ponho tudo a perder"; "não se deve fazer tal coisa em uma recessão" etc.). Trata-se de crenças que as pessoas consideram válidas. No entanto, você sabe que não podem ser universalmente válidas, pois *você* não as tem, pelo menos não o tempo todo.
- Em seguida, note que você não é diferente. Você também possui um conjunto de atitudes mentais limitadas, cuja existência dificilmente percebe, ainda que os outros provavelmente sim.
- Admita que sua atitude mental é uma escolha, pois, se aquilo em que você acredita fosse realmente verdade, não haveria necessidade de *acreditar* nisso.
- Agora, esforce-se para escolher atitudes mentais úteis, em vez de limitantes.

© John O'Keeffe, BusinessBeyondtheBox.com

2 Dê o melhor de si

Seja você mesmo, conheça-se, desenvolva-se

Seja você mesmo.

Aposto que você já escutou esse conselho muitas vezes. É o meu caso. E aposto que lhe disseram que, tanto nos negócios como na vida, ser você mesmo significa ser confiável e autêntico e que, se não tiver sucesso nessas duas coisas, então fracassará, pois ninguém vai segui-lo por muito tempo.

É interessante observar a informalidade com que muitas vezes as pessoas difundem essa sabedoria. Elas lhe dirão para ser espontâneo antes de uma entrevista de emprego, ou em um primeiro encontro romântico, para ajudar a acalmar seus nervos e aliviar a pressão. A conclusão é que você não tem de se esforçar muito para conseguir isso. Basta relaxar. *Seja você mesmo.*

Mais fácil falar do que fazer. Na realidade, é muito mais difícil "ser você mesmo" do que a maioria das pessoas está disposta a admitir.

Pense sobre quantas vezes você observou ou escutou a quem não conhecia muito bem, talvez um colega ou alguém na TV, e conseguiu perceber que aquela pessoa não estava sendo autêntica. Em 2008, durante as eleições primárias dos Estados Unidos, lembro-me de assistir ao noticiário e, muitas vezes, balançar a cabeça quando os diversos candidatos, esforçando-se para se adaptar a uma nova situação, trocavam os pés pelas mãos repetidamente. Recordo-me de uma matéria a respeito de Barack

Obama na Pensilvânia, onde ele estava atrás nas pesquisas, jogando boliche na tentativa de se conectar com os eleitores da classe trabalhadora. Foi patético observá-lo lançar uma bola que acabou na canaleta da pista, não tanto por sua falta de habilidade, mas porque Obama parecia muito tenso e constrangido ali. Em contraste, ele estava muito mais relaxado e natural em um evento subsequente, no qual jogou seu esporte favorito, o basquete, com eleitores locais. Era o jogo de Obama, isso era evidente. E, a propósito, ele fez um tremendo arremesso.

Mais ou menos na mesma época, em Indiana, a imprensa levou Hillary Clinton a um bar para tomar uísque e cerveja. O site Gawker, por exemplo, ridicularizou-a por admitir que a única maneira de conquistar os votos da classe operária era beber "como um da turma" (sem falar de sua escolha de um uísque *canadense*). Em outro evento em New Hampshire, quando um eleitor perguntou de onde ela tirava energia para prosseguir dia após dia, Hillary respondeu com a voz embargada: "Não é fácil. Só consigo porque acredito apaixonadamente que é a coisa certa a fazer. Este país me deu muitas oportunidades. Não quero ver seu retrocesso". Essa demonstração de emoção é considerada autêntica pelas pessoas. Depois que o vídeo foi exibido na mídia, Hillary subiu nas pesquisas e conseguiu ganhar as primárias de New Hampshire.

Para você não achar que estou sendo politicamente tendencioso com esses exemplos, vamos também implicar com o candidato republicano, John McCain. Ele era conhecido como um "rebelde", que lutava por aquilo em que acreditava, de vez em quando até irritando seu próprio partido com isso. No entanto, quando escolheu Sarah Palin como companheira de chapa depois de ter sido divulgado que ele preferia o senador independente Joe Lieberman, McCain perdeu parte da credibilidade. Suas tentativas de convencer os norte-americanos de que a escolhera e não havia sido pressionado pelos membros do partido não soaram verdadeiras.

O ponto central é que esses políticos são pessoas incrivelmente bem preparadas. Além disso, possuem conselheiros de alto nível para ajudá-los a criar uma imagem que agradará ao público. Ainda assim, eles tropeçam quando aparentam ser o que não são. Ser espontâneo de verdade é um desafio diário, difícil para qualquer um, independentemente de qual seja seu cargo.

✚ Autenticidade extraordinária

As pessoas reconhecem e seguem quem é autêntico – aqueles que conduzem sua vida segundo as próprias regras, que permanecem fiéis a suas crenças e não voltam atrás. Todos nós podemos citar indivíduos como esses, e costuma haver um consenso bastante generalizado de que figuras tão diferentes como Nelson Mandela, Mahatma Gandhi, Oprah Winfrey, Muhammad Ali e Winston Churchill são (ou foram) pessoas autênticas, o que comprova que a autenticidade pode ser demonstrada em estilos muito distintos.

Denomino isso "autenticidade extraordinária", o que significa ter a capacidade de ser espontâneo nas situações mais difíceis. Isso implica conviver com um paradoxo: para inspirar como líder, você precisa dominar sua matéria, mas também precisa ser capaz de admitir quando a desconhece. Precisa ser confiante e vulnerável ao mesmo tempo. Enfrentei esse paradoxo quando, em 1996, aos 43 anos, fui nomeado presidente da KFC.

Era a primeira vez que seria presidente de uma empresa. Por ser um antigo objetivo de carreira um dia ter a responsabilidade de dirigir um negócio, fiquei empolgado para começar. Eu queria ser realmente bom naquilo, exercer um impacto positivo sobre a marca e as pessoas que trabalhavam comigo; queria recuperar a empresa que estivera em declínio, sem deixar de sentir satisfação ao longo do caminho. No entanto, como muitas pessoas com as melhores intenções, aprendi a duras penas que eu não era bom nisso. Por exemplo, nunca fui capaz de contar uma piada com roteiro.

Perto do final de meu primeiro ano como presidente da KFC, trouxe todos os gerentes-gerais dos restaurantes da organização, mais de dois mil deles, para um encontro na sede, em Louisville. Os negócios melhoravam, e eu quis dar a todos a oportunidade de celebrar a conquista, estimulando-os a prosseguir no rumo certo. Quando nos preparávamos para o evento, alguém da equipe sugeriu produzirmos um vídeo para ser exibido no traslado de ônibus do hotel para a sede, que daria as boas-vindas aos gerentes e lhes passaria a programação dos próximos dias. Fui o narrador do vídeo, que começava com uma paródia do programa de David Letterman, inclusive com um monólogo de abertura e uma lista dos Top Ten ao estilo do apresentador. Quem assistisse ao vídeo poderia perceber que eu lia as piadas em um teleprompter. Embora não estivesse no ônibus, tive a certeza de que as únicas risadas seriam aquelas incluídas no áudio pelo pessoal da técnica.

Ainda me encolho de vergonha quando assisto ao vídeo. Aquele sujeito mal se parece comigo. Não sou uma pessoa formal, mas pareço muito tenso. Nunca li teleprompters muito bem, preferindo as boas e antiquadas anotações em papel quando tenho de fazer um discurso. A única parte do vídeo que funciona é quando deixo o roteiro de lado e peço alguns pés de galinha emplumados que sabia que tínhamos em estoque para eventos infantis. E me divirto sendo eu mesmo enquanto caminho pela sede da KFC e converso com todos que encontro pelo caminho sobre assuntos que vão desde a história do Coronel Sanders, o fundador da marca, até o que fazemos em nossa cozinha-laboratório.

Em meus seminários sobre liderança, exibi esse vídeo por anos, e ele sempre provocou boas risadas (de mim, é claro, não de minhas piadas). Sem dúvida, isso enfatiza como é fácil perceber quando alguém não está sendo espontâneo. Mais importante ainda, durante a exibição, deixo claro a todos quanto ainda odeio me ver em um fiasco daqueles. Ser você mesmo significa também deixar seus pontos fracos aparecerem.

Mostrar-se vulnerável pode ser bastante difícil para a maioria de nós, mas, no mundo dos negócios, a ideia de ser autêntico torna-se ainda mais complicada porque também é importante se dar bem com todos os tipos de pessoa sem deixar de se manter fiel a si mesmo. Sem dúvida, você não pode simplesmente dizer a colegas ou clientes: "É assim que eu sou; é pegar ou largar". Não se quiser progredir. Em vez disso, você tem de descobrir como ser sincero de maneira a ampliar sua simpatia e seu impacto, em vez de repelir as pessoas ou entrar em conflito desnecessário com a cultura da empresa.

Indra Nooyi, CEO da PepsiCo, lutou contra isso quando foi da Índia para os Estados Unidos no início da carreira. "Muitas vezes me senti como um peixe fora d'água", ela revelou. "Ocasiões em que me perguntei: 'será que vou me adaptar?'"

Em vez de se transformar completamente, Indra encontrou formas de adaptação com as quais se sentia à vontade. Uma delas tinha a ver com sua paixão pelo críquete. Nos Estados Unidos, ninguém praticava esse esporte, mas os norte-americanos gostavam de beisebol, que também era jogado com um bastão e uma bola. Então, ela se engajou no beisebol e no time local, o New York Yankees, lendo tudo o que podia sobre o assunto, até conseguir falar à vontade sobre o esporte. "Com isso, pude dizer: 'Realmente gosto desse jogo e gosto dos Yankees', em vez de fingir."

Nooyi poderia ter estudado futebol americano ou golfe, a fim de se adaptar melhor a seus colegas norte-americanos, mas isso não teria combinado com sua personalidade ou seus interesses. Por outro lado, ela não se acomodou em uma postura do tipo: "Não ligo para nenhum desses passatempos idiotas desse povo. Se as pessoas que convivem comigo querem me conhecer, podem procurar saber mais a meu respeito". Em vez disso, ela buscou formas de interação que fossem agradáveis tanto para si quanto para os outros. "No lugar de me transformar completamente em algo que não suportaria, dei um jeitinho de me adaptar e me ajustar de uma maneira que me deixasse à vontade." Deu trabalho descobrir como ser natural em um novo ambiente, mas Indra fez isso de um jeito todo seu.

Verificação da atitude mental

Na página 28, consulte a ferramenta para escolher entre atitudes mentais poderosas e atitudes mentais limitadas. Em cada capítulo da Parte I, você será solicitado a examinar sua atitude mental em relação ao tópico apresentado. Pergunte-se: "Minha atitude mental está me ajudando a ser um líder melhor e a conseguir realizar grandes projetos? Ou está impedindo meu sucesso? Há um modo de pensar mais poderoso que posso adotar?".

"Sempre há espaço para crescer, me aprimorar
e dar o melhor de mim."

versus

"Não preciso mudar. Sou bom o bastante do jeito que sou."

✚ Conheça-se

Parte da dificuldade em sermos autênticos é que nem sempre sabemos exatamente quem somos, especialmente em início de carreira. Leva tempo e exige experiência desenvolver a confiança e o conhecimento necessários para fazer isso com êxito.

No início da carreira, trabalhei com muitos profissionais bem preparadas, com MBAs de escolas da Ivy League, enquanto eu tinha somente um diploma de graduação e nem sequer atuava na área de negócios. Cursei jornalismo na University of Missouri. Eu era diferente e sabia disso, mas levou um tempo até ter confiança para admiti-lo. Por mais tolo que possa parecer, durante anos, quando o assunto da conversa recaía sobre onde as pessoas tinham obtido seus MBAs, eu pedia licença para ir ao banheiro para não ter de responder à pergunta.

Felizmente, acabei entendendo que esconder isso não me permitiria conseguir o que eu queria. Eu poderia não ter um MBA, mas era bastante sagaz na busca do conhecimento de que precisava para progredir. Quando fui chefe de marketing da Pepsi-Cola Company, procurei o CEO, Craig Weatherup, e pedi que me promovesse a diretor de operações, ainda que, até aquele momento da carreira, eu não tivesse absolutamente nenhuma experiência em operações. Sabia, porém, que não queria atuar em marketing por toda minha carreira e que, se ambicionasse responsabilidades maiores, precisaria de experiências maiores. Craig e eu nos

> *Enfrentei muitos desafios para me sentir à vontade comigo mesmo. Quando abrimos o capital da empresa, eu era muito ruim em falar em público... E, sem dúvida, eu tinha de aprender a lidar com isso. Quando criamos a empresa, eu nunca tinha liderado ninguém, mas pratiquei muitos esportes e pensei: "É isso! Se eu conseguir fazer as pessoas se sentirem como parte do mesmo time, nós vamos ter sucesso".*
>
> – Bob Walter, CEO, Cardinal Health

entendíamos muito bem, mas, sem dúvida, eu não era a escolha óbvia. Propus-lhe um acordo: testar-me no cargo e, se eu fracassasse, ele poderia me devolver para o marketing ou até mesmo me despedir, o que achasse mais conveniente. Com isso, ele me deu uma chance, e nenhum de nós se arrependeu.

O autoconhecimento é um conceito que aflorará repetidas vezes em todo este livro, pois, sem ele, você nunca vai ser melhor no que faz. É fundamental que todo grande líder saiba quem é e onde esteve. O exercício a seguir é um convite para você analisar em detalhes seu passado e pensar a respeito dos eventos que o moldaram mais profundamente, seus valores e objetivos. Incluí minha própria linha da vida a seguir como exemplo, e os eventos que já mencionei constam dela. Ainda observo e acrescento alguma coisa de vez em quando a meu histórico, para me lembrar de minhas experiências, o que aprendi e quais lições não foram fáceis de assimilar. O conhecimento não surge do nada, e esse exercício lhe dará um quadro melhor sobre quem e o que contribuiu para sua aprendizagem.

Minha linha de vida

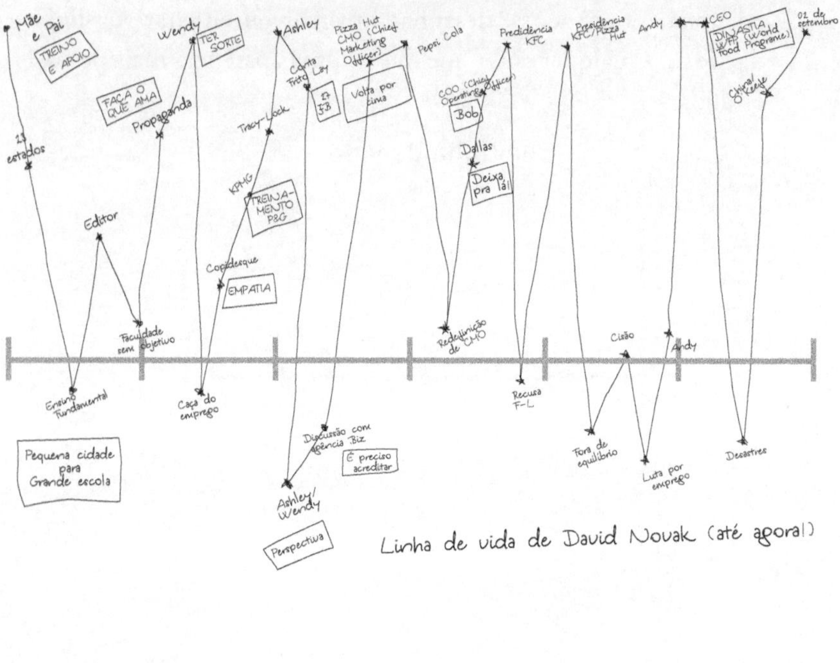

✚ Exercício da linha da vida: alcance o autoconhecimento

Para se aprimorar, você precisa entender quem é e como chegou onde está hoje. Faça este exercício como uma oportunidade para pensar nisso e se conhecer um pouco melhor. Dedique algum tempo a isso e cogite incluir em sua linha da vida os eventos pessoais e profissionais que o afetaram de algum modo.

INSTRUÇÕES

1. Ao traçar sua linha da vida, inclua eventos-chave como formação acadêmica, casamento, mortes, oportunidades de emprego etc., e também outras experiências: vitórias conquistadas, crises enfrentadas, medos superados, posições assumidas e lições aprendidas.
2. Posicione pontos acima e abaixo da linha horizontal que vão corresponder à intensidade das emoções que acompanharam cada evento ou experiência.
3. Quando estiver satisfeito com os eventos e as experiências marcantes que anotou, ligue os pontos. Fique à vontade para adicionar observações, desenhar imagens ou enfeitar sua linha da vida... Qualquer coisa que lhe dê uma aparência mais pessoal é válida.

Sua linha de vida

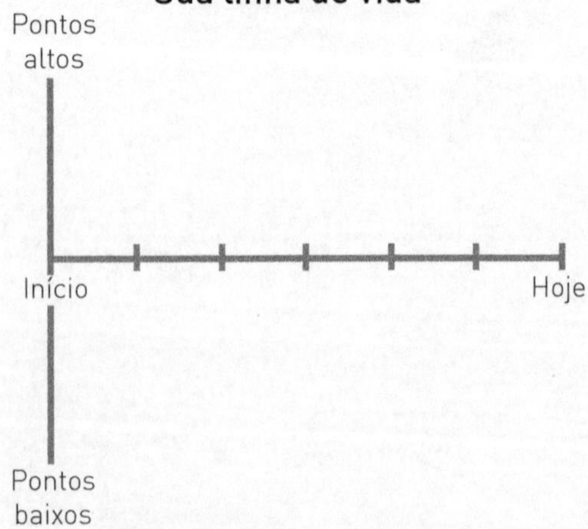

✚ Desenvolva-se

Comecei no ramo da propaganda e me saí bem. Na realidade, já aos 27 anos, fui responsável pela conta da Frito-Lay, uma das maiores contas da agência.

No entanto, meu chefe na época achava que eu era um tanto tosco. Além disso, eu era uns dez anos mais novo do que os clientes a quem atendia. Meu chefe achou que eu precisava de certo polimento e me mandou para um consultor de imagem chamado Jack Byrum, em Dallas. Jack era uma lenda que tinha trabalhado com diversos executivos e celebridades, incluindo Johnny Carson, apresentador do programa *Tonight Show.*

Jack me ensinou muitas coisas incríveis sobre autoconhecimento e autenticidade. Sobretudo, ele me ensinou a sempre pensar sobre como melhorar nesses quesitos. E o que vem depois de se conhecer?

Para ajudar a levar minha autoconsciência à etapa seguinte e me concentrar aonde eu queria ir, Jack me ensinou um exercício muito simples chamado “8 x 12”. Ele me pediu para escrever em uma ficha de 8 x 12 centímetros respostas curtas a duas perguntas muito simples:

Como estou hoje?

Como posso estar ainda melhor amanhã?

Ainda faço esse exercício em toda virada de ano. Não conheço dia melhor para refletir a respeito de onde se está e onde se quer estar no próximo ano. Por exemplo, no dia primeiro de janeiro de 2011, respondi às perguntas desta maneira:

David Novak – 2011

Como estou hoje?		Como posso estar ainda melhor amanhã?
Entusiasmado/Prisioneiro	→	Não oprima/intimide os outros
• Criativo	→	Permaneça focado até o trabalho estar concluído!
• Instintivo	→	Equilibre com fatos/processo e disciplina
• Orientado por resultados	→	Injete ainda mais urgência: e daí?/e agora?
• Em busca de equilíbrio	→	Mais tempo em casa/ficar em forma

FAÇA!!!

Para lhe dar uma ideia melhor de como isso pode funcionar, explicarei duas partes desse exemplo. Em primeiro lugar, sou uma pessoa muito entusiasmada por natureza, que é uma característica útil para um líder, ou seja, propícia para manter a motivação das pessoas e animar seus espíritos. Mas isso, em combinação com o poder de meu cargo e o fato de que tenho convicções fortes, pode, em alguns casos, intimidar outras pessoas, especialmente os membros da equipe que não me conhecem muito bem. Dessa maneira, preciso fazer todo o possível para estimular outros pontos de vista pedindo aos mais retraídos que expressem suas opiniões.

Também sou um pensador criativo, ávido por sugerir novas ideias. Isso pode parecer algo positivo, mas talvez seja perigoso quando estou em um dia em que não tenho muita coisa para fazer. Em dias assim, algumas pessoas aproveitam a oportunidade para relaxar. Mas eu não. O ócio me leva a inventar mais coisas que a organização pode fazer antes de concluir o que está em curso. E isso não é produtivo. Significa criar atividade em vez de ação. Entretanto, como eu me conheço, posso controlar essa característica. E foi exatamente o que fiz em 2012.

Exercício 8 × 12: DESENVOLVA-SE

Este exercício simples utiliza um cartão de 8 x 12 centímetros para responder a duas perguntas: a primeira trata de onde você está em sua carreira ou desenvolvimento pessoal hoje, e a segunda, onde quer estar no futuro.

Recomendo que faça este exercício agora, no espaço fornecido, e também que faça questão de praticá-lo com regularidade durante o restante de sua carreira. Você só precisa de um cartão e algum tempo para refletir.

Como estou hoje?

Escreva quatro ou cinco descrições que melhor captem como você é percebido pelos outros hoje. Seja honesto consigo mesmo. Pense no feedback que recebeu dos que o rodeiam ou nos insights que teve a seu respeito anteriormente.

Percebido hoje	Mais eficaz

Como posso ser ainda mais eficaz amanhã?

Agora, registre como você pode ser melhor: como potencializar seus pontos fortes? Ou como ajustar ou compensar as áreas que deixam a desejar? Depois de concluir este exercício, consulte seu cartão frequentemente, para desenvolver sua intenção de tornar as coisas realidade. Mandei plastificar meu cartão e o afixei na mesa de trabalho, onde posso consultá-lo todos os dias.

✚ Seja sua própria obra-prima: dê o melhor de si

Os melhores líderes entendem que isso é um processo para a vida toda, ou seja, mesmo que você seja muito bem-sucedido, nunca deverá parar de se aprimorar. Você tem de continuar ciente do líder que é e como pode se desenvolver e melhorar.

Warren Buffett é uma das pessoas mais autênticas que conheço. Adoro aprender com ele. Na verdade, tenho um ritual com o investidor mais famoso do mundo: todos os anos, tenho o privilégio de convidá-lo para almoçar no KFC de Omaha, em Nebraska, onde sua empresa, a Berkshire Hathaway, está sediada, para conversarmos sobre qualquer assunto.

Em um desses almoços, enquanto ele devorava um frango Original Recipe, uma das especialidades da KFC, ao qual ele gosta de adicionar uma tonelada de sal, perguntei o que ele procura ao adquirir uma empresa.

"Procuro comprar empresas que são dirigidas por pintores que trabalham em uma obra ainda não acabada. Eles sabem como ela pode ficar e trabalham com paixão para deixá-la o mais incrível possível."

Gosto muito dessa analogia, pois me lembra de que um negócio sempre é uma obra em construção. Também me faz pensar a respeito de como deve ser uma obra-prima. Trata-se de uma obra singular, sem igual no mundo.

> *Não podemos nos transformar no que precisamos ser, se permanecemos do jeito que somos.*
>
> – Max de Pree, escritor e ex-CEO da Herman Miller

Se pararmos para pensar a respeito, você também é como essa obra. Ninguém possui seu DNA. Ninguém é como você. Os melhores líderes são aqueles que se veem como ninguém mais, que possuem um conjunto único de forças e fraquezas, interesses e conhecimentos e que sempre vão fazer um trabalho melhor a cada dia.

✚ Como ser você mesmo

Certa vez, eu falava sobre esse tema em meu curso, e alguém disse: "Ei, é fácil você ser você mesmo. Você é o CEO. Você pode ser quem quiser e as pessoas têm de se ajustar a você. Mas como *eu* faço isso?". Era uma boa pergunta. É verdade que é mais fácil para mim, no atual estágio de minha carreira, mas nem sempre fui o CEO. Ao recordar minha trajetória, houve muitas vezes em que quis passar para a etapa seguinte e tive de decidir o que precisava fazer e quem precisava ser para alcançar aquilo. Sempre recorria à ideia de que tinha de ser eu mesmo e me desenvolver a partir daí, em vez de tentar ser alguém que não sou. É um ponto interessante em que pensar enquanto sua carreira progride. Aqui estão algumas dicas que vão ajudá-lo a ser autêntico, independentemente do estágio em que está sua carreira:

> *Você nasceu como um original. Não morra como uma cópia.*
>
> – John L. Mason, escritor

- *Tenha convicção:* Ser você mesmo é a única alternativa. Reconheça que essa é chave para desenvolver confiança e credibilidade com outras pessoas.

- *Conheça sua área:* Não há substituto para o tempo e a experiência. O desenvolvimento de seu know-how lhe dará confiança.
- *Conheça seu ambiente*: Ser você mesmo não significa ignorar a influência que exerce sobre as pessoas a seu redor. Lembre-se do exemplo de Indra Nooyi: nos negócios, você tem de ser autêntico, mas também compatível com a cultura de sua empresa.
- *Desenvolva o autoconhecimento:* Peça feedback constantemente, para saber de que maneira impacta as outras pessoas. Pergunte a elas o que fariam se estivessem em seu lugar.
- *Seja franco e honesto a respeito do que não sabe:* É incrível como isso é libertador e quantas pessoas mais o apoiarão. Isso desenvolve a confiança e dá às pessoas a oportunidade de contribuir com seu próprio conhecimento.
- *Fale consigo mesmo e cultive pensamentos positivos:* Lembrar seus pontos fortes e conquistas ajuda a acreditar que você é capaz de ter êxito. Se sinais de insegurança aparecerem, encare esse momento como uma oportunidade de recordar sua linha da vida, lembrando-se do longo caminho que já percorreu, embora tomando cuidado para não se prender aos acontecimentos negativos do passado. Todos nós precisamos entender que nossa percepção da vida afeta o modo como agimos em relação a pessoas e situações no cotidiano. Entre em sintonia com seus pensamentos, mantendo-os tão positivos quanto possível. Tente fazer isso e verá que é impossível acalentar pensamentos positivos e sentimentos negativos ao mesmo tempo.
- *Saia da zona de conforto:* Utilize seus dons únicos e continue expandindo os limites de seu potencial. Mark Chu, atual presidente da Yum! China, começou como gerente-geral de um restaurante McDonald's. Mark é um palestrante dinâmico e engraçado em sua língua materna, mas, em 1997, quando o conheci, mal falava inglês. Hoje em dia, ele faz apresentações nessa língua nas reuniões de diretoria e conta piadas como ninguém. Nunca se sabe do que somos capazes. A propósito, as únicas palavras em chinês que sei são *ni-hao* (olá), *xie-xie* (obrigado) e *duo-kai-yi-xie* (desenvolva mais!).

Outra coisa que as pessoas me perguntam é: "Como ser você mesmo ao discordar do chefe?". Respondo: "Unidos em harmonia, unidos na discórdia". Com isso quero dizer que, quando você estiver ao lado da equipe, sempre tenha a coragem de expressar seu ponto de vista (unidos em harmonia). Isso é trabalhar em grupo, e você vai dormir em paz sabendo que expressou sua opinião. Se seu chefe optar por um caminho diferente, apoie a decisão (unidos na discórdia). Você deu o melhor de si e foi sincero, mas também precisa aceitar que o chefe é o chefe. Dessa maneira, você demonstra que tem opinião própria, mas sabe trabalhar em equipe, o que será fundamental para ascender na hierarquia de qualquer organização.

✚ Como ajudar os outros a serem autênticos

Como líder, sua responsabilidade não se limita a ser você mesmo. É preciso comunicar a todos que lidera a importância de também serem autênticos. Aqui estão algumas ideias úteis:

- *Acredite em todos*: Celebre a individualidade. Embora as personalidades dos componentes de sua equipe possam ser muito diferentes, enquanto todos estiverem trabalhando pelos mesmos objetivos, com um sistema de valor similar que reflita o respeito pelos outros e um senso de confiabilidade pessoal, tudo bem. Denomino isso "unidade de valores; diversidade de estilos". Permita que as pessoas que você lidera tenham êxito com estilos próprios, sem ser meras cópias suas.
- *Crie planos de desenvolvimento individual*: Não há substituto para o feedback individualizado e construtivo. Manifeste seu apreço pelo ponto forte das pessoas e dedique-se a entender o que as motiva. Em seguida, ajude-as a identificar como ser ainda mais eficazes.
- *Crie um porto seguro*: Dê condições para que as pessoas manifestem suas ideias, compartilhem seus pontos de vista e expressem suas individualidades. Permita que discordem de você e, quando isso acontecer, agradeça.

- *Procure abertamente o conhecimento e a perspectiva dos outros*: Não espere que as pessoas se manifestem. Pergunte o que elas sabem e o que pensam a respeito de suas ideias.

✚ Insights e ações

Ao refletir e fazer os exercícios que encerram cada capítulo, pense em como aqueles que você lidera avaliariam suas habilidades de liderança. Peça opiniões a colegas ou aos integrantes de sua equipe, se necessário. Mesmo que se julgue muito competente em uma área específica, procure pensar em maneiras de ser ainda melhor. Visamos resultados extraordinários aqui, o que significa que muito bom não é bom o bastante.

Essas perguntas são úteis para identificar suas forças e fraquezas e determinar o que você pode fazer para ser um líder ainda melhor e, assim, estar mais bem preparado para alcançar seu Grande Objetivo.

AUTORREFLEXÃO

Avalie-se em relação aos seguintes itens abordados no Capítulo 2 – "Dê o melhor de si"	**Oportunidade de melhoria**	**Ponto forte**
1. Nunca finjo ser o que não sou.		
2. Tenho consciência de minhas forças e fraquezas como líder.		
3. Diariamente, deixo claros os meus valores e princípios àqueles a meu redor.		
4. Os outros consideram meu comportamento como previsível, confiável e consistente.		
5. Trabalho continuamente para ser o líder mais eficiente possível.		

EXERCÍCIOS

Recorde sua linha da vida e responda a estas perguntas:

1. Que experiências em sua linha da vida mais influenciaram sua maneira de liderar as pessoas hoje? O que você aprendeu com cada experiência?
2. Quais foram as pessoas que tiveram o maior impacto em sua linha da vida? Quem liderou você?
3. Que qualidades você admira nos líderes que mais o influenciaram? Que passos você poderia seguir para se assemelhar a eles, sem perder sua autenticidade?

3 Seja um aprendiz ávido

Procure e desenvolva o know-how

Uma das ações mais eficientes que você pode tomar para continuar a se desenvolver e mostrar o melhor de si é aprender sempre. Na realidade, acredito que ser um aprendiz ávido configure a maior característica individual a distinguir um líder extraordinário. Quem tem um apetite voraz por conhecimento está destinado a inspirar outros com sua paixão e curiosidade, além de energizar uma organização com novas ideias.

Nunca fiz um teste de QI, mas sei que existem muitas pessoas mais inteligentes do que eu. No entanto, consegui administrar muito bem minha carreira e sei que o que me diferencia dos outros é sempre ter me empenhado em priorizar o conhecimento e as ideias, em detrimento do ego e do senso de posse. Por que isso é tão importante? É evidente que, quanto mais sei acerca de um problema, mais apto deverei estar para tomar uma boa decisão. Porém, ainda mais importante é ser capaz de admitir abertamente que não tenho todas as respostas; isso ajuda a criar uma atmosfera em que aqueles a quem lidero se sintam mais dispostos a compartilhar o que pensam e o que sabem. E, se todos os membros da equipe aprendem ativamente tudo o que podem sobre certa situação e compartilham livremente seus saberes com você e os demais, essa é a melhor oportunidade que você tem de chegar a uma solução que melhore seu negócio.

Adoto as boas ideias sempre que as encontro. Na realidade, alguns dos maiores sucessos de minha carreira resultaram do desenvolvimento de ideias alheias, e não sinto muito orgulho em admitir que algumas delas vieram diretamente dos concorrentes. Por exemplo, quando ingressei na Pizza Hut em 1986 para comandar a área de marketing, as vendas estavam caindo e fazia anos que a marca não lançava nenhum produto com sucesso. Naquela época, um dos conceitos emergentes do ramo era o de pizzas de sabor especial, e uma das redes que faziam isso melhor do que ninguém era a California Pizza Kitchen (CPK). Eles se destacavam ao usar combinações de sabores conhecidos para preparar pizzas exóticas, como a de frango com molho de churrasco, a de frango com molho tailandês e a de bacon, alface e tomate.

Certo dia, levei minha equipe a Los Angeles, e fomos almoçar em um restaurante da CPK. Pedimos praticamente todos os tipos de pizza e realmente gostamos deles. Ficou claro que a CPK havia descoberto um diferencial importante, mas será que conseguiríamos fazer aquele conceito funcionar na Pizza Hut sem perder aquilo que é característico da marca?

A Pizza Hut era nessa época, e ainda é, mais convencional do que a CPK. Ou seja, a resposta não poderia ser tão óbvia quanto ter uma versão Pizza Hut da cobertura de frango com molho tailandês da CPK. Inicialmente, testamos uma pizza Cajun, mas esse sabor realmente não agradou muito nossos clientes. Eles queriam novas opções no cardápio, mas nada de combinações exóticas. Em seguida, introduzimos uma pizza especial que oferecia aos clientes mais daquilo de que eles já gostavam. A primeira foi a "Meat Lover's Pizza" [pizza para amantes de carne], um sucesso tão grande que originou a "Cheese Lover's Pizza" [para amantes de queijo] e, depois, toda uma nova linha "Lover's", com uma aceitação fenomenal. A "Pepperoni Lover's Pizza" [para amantes de calabresa] era apenas uma pizza normal com uma camada extra de pepperoni, mas foi um dos lançamentos mais bem-sucedidos da história da Pizza Hut.

✚ 1 + 1 = 3

Esse tipo de pensamento padrão, no qual você avalia o que funciona para alguma outra empresa e aplica isso a sua situação, é uma das melhores maneiras de concretizar grandes aspirações suas e de sua equipe. Combinar o conhecimento dos outros com aquilo que você sabe a respeito de sua marca e seu ramo de atuação pode levar a resultados que são mais do que simples melhorias incrementais – pode impulsionar um negócio a dar um salto gigantesco à frente. O todo pode realmente ser maior do que a soma das partes.

Outro exemplo disso aconteceu no início de minha carreira, quando fui gerente de conta da Frito-Lay. Certo dia, decidi levar minha equipe a um supermercado, a fim de termos algumas ideias. Nada surpreendente, considerando-se que os produtos da Frito-Lay são vendidos em supermercados de todo o país. A surpresa foi o tempo que dedicamos, não à seção de salgadinhos, mas à de molhos para salada.

A conta da Frito-Lay incluía a marca Doritos, que, na época, tinha apenas um sabor muito popular: Nacho Cheese Doritos. Mas, enquanto examinávamos a seção de molhos para salada, fizemos uma descoberta: a opção ranch [combinação de creme azedo, maionese, sal, alho, cebola, ervas e especiarias] era de longe a mais vendida da categoria. Isso nos deu uma ideia: aquele molho funcionaria como sabor de salgadinho?

Ao apresentarmos o conceito à Frito-Lay, surgiu a questão de como posicionar o produto. Analisei aquilo que tinha funcionado para o produto Nacho Cheese Doritos. Eles haviam associado uma imagem única – o nacho – a um produto familiar – o queijo – para criar um produto ao mesmo tempo estimulante e apetitoso. Com isso, perguntei: "Como podemos fazer a mesma coisa em relação a nosso salgadinho de tortilha com sabor de molho ranch? Como podemos dar um toque de singularidade a um produto familiar como o molho ranch?". Isso levou ao produto Cool Ranch Doritos, que foi um megassucesso. Atualmente, é um dos produtos mais lucrativos e mais vendidos da Frito-Lay.

Esse tipo de pensamento padrão requer olhos bem abertos e uma busca ativa por novas ideias onde quer que estejam. Mas, para ter os olhos verdadeiramente abertos, é preciso ter humildade suficiente para admitir que as melhores ideias nem sempre partem de você. Certa vez, Isaac Newton disse: "Se enxerguei longe, foi porque me apoiei nos ombros de gigantes". Gosto dessa citação e concordo totalmente com ela, mas acrescentaria algo: você enxergará ainda mais longe apoiando-se nos ombros de gigantes e tendo orgulho de dar-lhes crédito e agradecer-lhes pela visão.

Verificação da atitude mental

"Como líder, sei o máximo."

versus

"Há sempre mais para aprender, e todas as pessoas que encontro sabem algo que eu não sei."

✚ O que acontece quando você se conduz mal?

Trata-se realmente de uma questão de se posicionar mentalmente para não perder oportunidades por orgulho ou falta de receptividade. A maioria de nós tem a melhor das intenções, e não pretendemos ser arredios, porém já preterimos uma ideia por não achar que se aplica ao negócio ou não respeitar suficientemente sua fonte para levá-la em plena consideração. Descrevemos a seguir algumas situações que podem estar acontecendo em seu negócio porque você não está tão aberto à sabedoria alheia quanto poderia estar:

Desperdiçar uma grande ideia: A maior oportunidade perdida de minha carreira aconteceu por eu ter descartado precipitadamente a sabedoria daqueles a meu redor. Quando eu trabalhava na Pepsi, água era a nova sensação do setor de bebidas. Sem dúvida, as águas aromatizadas canadenses estavam entre os lançamentos mais bem-sucedidos. Certo dia, eu estava no escritório pensando nisso, quando tive uma ideia que foi provavelmente a melhor de minha carreira; ao menos, foi o que imaginei na época.

> *Estou sempre procurando certo tipo de humildade em nossos líderes mais experientes; pessoas que não achem que sabem tudo... Combatemos a arrogância e a burocracia todos os dias e, se tivermos colaboradores que agem dessa maneira, jamais seremos bons.*
>
> – Jeff Immelt, presidente do conselho de administração e CEO da GE

Tive a ideia de fazer uma Pepsi-Cola transparente. Liguei para meu chefe, Roger Enrico, CEO da empresa na época, e ele também achou que era uma boa ideia. Realizamos grupos de discussão e testes de mercado, e a resposta foi incrível. Dan Rather até destacou o produto em reportagem no telejornal *CBS Evening News* após um lançamento-piloto de muito sucesso no Colorado.

Naquele momento, eu estava a todo vapor. Queria colocar o produto no mercado rapidamente, antes que a Coca-Cola ou algum outro concorrente pudesse nos imitar. Como se isso não bastasse, meti na cabeça que precisávamos lançar o produto nacionalmente a tempo para o próximo Super Bowl [jogo de decisão do campeonato da liga nacional de futebol americano], para que pudéssemos promovê-lo em um dos maiores eventos do ano.

Chegou o momento de envolver os engarrafadores e, quando apresentei a ideia à Pepsi-Cola Bottler Association Board, estava tão confiante que achei que eles me aplaudiriam de pé no fim da reunião. Eles gostaram da ideia, mas fizeram uma ressalva: "David, há um problema com esse produto. Ele não tem o mesmo sabor da Pepsi".

Eles tinham razão, mas desconsiderei a preocupação. O produto não precisava ter exatamente o mesmo sabor da Pepsi. Devia ser uma bebida mais leve. Devia atrair um novo perfil demográfico.

"Sim, mas você está chamando o produto de Crystal Pepsi", disseram. "Com esse nome, a expectativa das pessoas será de que tenha o sabor de Pepsi. Então, o sabor tem de ser mais parecido com o original."

Às vezes, nossas melhores qualidades também podem nos cegar. Quando relembro o episódio, percebo que, na realidade, nunca dei ouvido às críticas, pois me considerava o especialista em marketing cujas ideias não eram compreendidas. Segui em frente e lancei o produto. E fizemos isso tão rapidamente que tivemos um pequeno problema de controle de qualidade. O produto tinha um sabor incrível no laboratório, mas apresentou um gosto residual em certos mercados.

Em suma, os problemas com a Crystal Pepsi se tornaram lendários. O programa humorístico *Saturday Night Live* apresentou uma sátira em que despejavam Crystal Pepsi sobre uma porção de purê de batata, insinuando que o refrigerante tinha sabor de molho de carne. Posteriormente, a revista *Time* fez uma matéria sobre os cem maiores fracassos de marketing do século XX. O caso da Crystal Pepsi ficou entre os dez primeiros.

Talvez a parte mais incrível da história é que não fui demitido por causa disso. Acontece que, na realidade, a empresa lucrou com aquilo. Todo mundo queria experimentar o produto, e foi o primeiro lançamento da Pepsi a preço premium. Os engarrafadores o trataram como uma novidade que não duraria muito tempo, e eles tinham razão. O que me incomoda até hoje é que ainda acredito que era uma boa ideia. Se eu tivesse escutado as pessoas que diziam que o produto ainda não estava no ponto, a Crystal Pepsi poderia continuar nas prateleiras como uma marca de grande vendagem. Se tivéssemos resolvido os problemas da qualidade do sabor em nossas fábricas... Se tivéssemos incorporado um sabor mais parecido com o da Pepsi... Se tivéssemos reduzido a velocidade e não fôssemos tão afobados...

Foi a maior oportunidade perdida de minha carreira, e, após esse erro, nunca mais deixei o "e se...?" no ar de novo.

Chegar tarde: Tom Ryan, presidente do conselho de administração e CEO recém-aposentado da CVS-Caremark, compartilha abertamente uma grande história sobre a importância de aprender a diferença entre escutar por educação e escutar de verdade, tentando se inteirar do assunto. No início da década de 1990, ele achou que estava escutando realmente quando pessoas de sua organização propuseram criar um sistema drive-thru para que os clientes pudessem comprar remédios sem sair do carro. Dois de seus concorrentes estavam obtendo algum sucesso com o conceito, mas inicialmente Ryan não gostou da ideia.

Ele imaginava filas de carros fora das lojas e temia que o sistema drive-thru fizesse os clientes pensarem em restaurantes fast-food e não

> *Quem você prefere ter em sua equipe? Alguém que desenvolve uma ideia incompleta, que pode ou não ser um grande sucesso, ou alguém que descobre uma grande ideia que já funcionou e, então, utiliza o conhecimento que tem sobre o cenário onde atua para tornar a ideia ainda maior e melhor?*
>
> – Roger Eaton, CEO da KFC

em farmácias. Tinha tanta certeza de que estava com a razão que não assimilou o que seu pessoal lhe dizia a respeito da grande quantidade de clientes que pediam mais agilidade e conveniência. Mas acabou mudando de opinião diante do sucesso obtido pela concorrência. Atualmente, 30% dos remédios da CVS-Caremark são vendidos pelo sistema drive-thru, sem perda das vendas de balcão. Ryan só lamenta não ter aderido antes à ideia. "Eu estava redondamente enganado, mas estava convicto que não", confessou-me, com a humildade que vem da experiência.

Desperdiçar recursos: Há alguns anos, a Taco Bell pensou em ingressar no negócio de café da manhã. Ela queria uma fatia do sucesso que outras marcas de serviço rápido já obtinham nessa área.

O conceito que a empresa desenvolveu inicialmente parecia se encaixar com perfeição à marca Taco Bell. O "Breakfast that wakes you up" [café da manhã que acorda você] incluía ingredientes de influência mexicana nas receitas, como *fiesta salsa*, salsicha picante e burrito recheado com bacon frito. Em retrospecto, o comercial criado para anunciar o novo cardápio resumia bem o problema. O anúncio apresentava um jovem de aparência desmazelada indo para o trabalho de metrô. Ele dançava pelos vagões e cantava para passageiros sonolentos enaltecendo os sabores condimentados do novo café da manhã, com uma guitarra estridente tocando ao fundo. Infelizmente, isso não fazia a audiência pensar em "café da manhã". Fazia pensar em "Quem gostaria de encontrar um rapaz assim logo de manhã? Ele é assustador!".

Além disso, os produtos do novo café da manhã da Taco Bell também estavam assustando as pessoas. Depois de um desalentador teste-piloto (trinta dias de propaganda e poucos clientes nos restaurantes), a equipe tinha de descobrir o que dera errado. A resposta? Os consumidores não queriam manhãs tão "picantes". Eles não estavam a fim de um café rock'n'roll. Queriam começar o dia com o mínimo de agitação, e a Taco Bell oferecia exatamente o oposto disso.

A parte frustrante era que a Taco Bell já havia testado o café da manhã uma vez e chegado a uma conclusão parecida. Além disso, ao tentar lançar um novo cardápio matinal, a KFC do Reino Unido também tivera um problema semelhante: eles desenvolveram um conceito do tipo "homem faminto", que estava mais em sintonia com a imagem de refeição completa da KFC do que com aquilo que os clientes queriam para se alimentar de manhã: algo leve e fácil de levar. No entanto, de alguma forma, a organização Yum! não compartilhou tão bem a informação para aprender com base em experiências passadas. Não analisamos em detalhes o que havia funcionado para nossos concorrentes na categoria "café de manhã" e o que não havia funcionado para nós nas tentativas anteriores. Não escutamos bem o que nossos clientes queriam. E basicamente a Taco Bell teve de recomeçar, repensando seu conceito para ampliar o apelo. Atualmente, em vez de agitação na refeição matinal, temos parcerias com marcas conhecidas e acessíveis, como Seattle's Best Coffee, Johnsonville Sausage, Quaker e Cinnabon. No lugar de enfocar ingredientes condimentados, atraímos clientes oferecendo-lhes valor com a campanha "Why pay more for breakfast?" [por que pagar mais pelo café da manhã?]. Desta vez, obtivemos muito mais sucesso, assim como a KFC, já que modificamos nossos produtos com base nas lições aprendidas.

✚ O que acontece quando você se conduz bem?

Diante da tentativa de alcançar o Grande Objetivo, uma das perguntas mais intimidadoras é: "Por onde começar?". "Apoiar-se nos ombros dos gigantes" é outra maneira de dizer que não se tem de começar do zero, não é preciso reinventar a roda. No mundo dos negócios, às vezes ficamos presos à ideia de que devemos ser diferentes, de que precisamos inovar. É evidente que temos de nos diferenciar da concorrência, mas isso não significa que não podemos nos inspirar em boas ideias, nos apropriar delas e fazer um trabalho ainda melhor ao colocá-las em prática. Na época em que houve o primeiro desmembramento de unidades de negócio na PepsiCo, tivemos uma grande oportunidade. Quando minha filha Ashley era pequena e cometia um erro, costumava olhar para mim e dizer: "Papai, posso fazer de novo?". Esse era o ponto em que estávamos na empresa. A divisão de restaurantes passava por uma crise, uma das principais razões pela qual os líderes da PepsiCo acharam melhor desmembrá-la. No entanto, para mim, isso nos deu a oportunidade que chamei de "um fazer de novo gigantesco".

Para tirar o melhor proveito de nossa posição diferenciada de ser uma novíssima empresa de capital aberto composta por marcas consagradas, fizemos uma "turnê das melhores práticas", visitando algumas empresas muito bem-sucedidas, a fim de nos inspirarmos nelas e copiarmos algumas de suas boas ideias.

Visitamos sete empresas – GE, Walmart, Home Depot, Southwest Airlines, Target, Coca-cola e UPS – e, depois, consolidamos o que aprendemos em cinco fundamentos que denominamos Dynasty Drivers [acionadores de dinastia], porque representavam o que acreditávamos que nos perpetuaria como uma grande empresa:

1. *Uma cultura onde todos fazem a diferença*: Vimos isso na Southwest, que valoriza as pessoas em primeiro lugar, e no Walmart, onde notamos um grande cartaz afixado em uma das lojas para todos os funcionários verem: "O preço de nossas ações na Bolsa hoje é ___ . O de amanhã está em suas mãos".
2. *Obsessão por clientes e vendas*: A Home Depot era realmente líder nessa área com seu conceito de fazer "o que fosse necessário" para desenvolver a fidelidade do cliente. Para estimular o comprometimento, criaram uma cultura de copropriedade, na qual todos os funcionários das lojas usavam um avental com a mensagem: "Eu sou o dono".
3. *Diferenciação competitiva de marca*: Na Target, os líderes pregavam o conceito de exagerar seus diferenciais. O CEO, Bob Ulrich, me contou a história de como seus corredores eram mais largos do

que os da concorrência e que, todos os anos, alguém sugeria que seria mais eficaz em termos de custo reduzir a largura deles. Ele respondia: "Mas então não seríamos a Target, seríamos iguais a todo mundo".

4. *Continuidade de pessoas e processos*: Na UPS, vimos como eles posicionavam processos e disciplina em torno de quem mais importava para o negócio deles: seus motoristas. A empresa desenvolveu uma verdadeira ciência de como tornar a entrega dos pacotes mais fácil e mais eficiente para o motorista, desde o nível de conforto dos assentos até a altura do degrau de entrada e saída do veículo de carga. Cada detalhe tinha importância. E percebemos que todas as grandes empresas contavam com CEOs e líderes funcionais que trabalhavam juntos há anos, de tal modo que conheciam muito bem seus negócios.
5. *Consistência nos resultados*: A Coca-Cola e a General Electric se destacavam nessa área. Na GE, aprendemos o que Jack Welch denominava "o incessante rufar dos tambores do desempenho". Essas empresas mediam continuamente seu desempenho para assegurar os resultados desejados.

Pensando no que precisávamos fazer para ser uma grande empresa, imagine o quanto avançamos em nossa posição na curva de aprendizagem ao estudar empresas que já eram grandiosas. Essa turnê pelas melhores práticas conferiu à nossa empresa uma base de conhecimento e um foco que temos desenvolvido desde então.

✦ Torne-se um viciado em know-how

Realmente, essa peregrinação inicial reforçou a ideia em nossa empresa de que, para resolver qualquer problema, aprender o máximo possível é o melhor ponto de partida. Sempre há mais para saber e, quando me perguntam o que levo em conta ao contratar alguém, um aprendiz ávido encabeça a lista. Pessoas que têm sede de aprender gostam do que fazem e procuram o know-how em todos os lugares possíveis, o que os torna muito mais inteligentes e, seus resultados, muito melhores.

Os exemplos a seguir são benefícios tangíveis decorrentes do compromisso da empresa como um todo de aprender sempre, de ser "viciada em know-how". Eles devem inspirar um líder a procurar oportunidades para si e para sua equipe, a fim de expandir o conhecimento sobre seu negócio:

DIA DE IMERSÃO NO McDONALD'S: Nos últimos seis anos, o McDonald's aumentou seu volume médio de unidades vendidas em 40%, o que resultou em uma recuperação impressionante da marca. Por isso, alguns anos atrás, pedi para que cada uma de nossas equipes de liderança ao redor do mundo estudasse o McDonald's a fundo. Aprendemos o máximo possível a respeito deles por meio de visitas a lojas, pesquisas e contratação de ex-funcionários. Isso ativou nosso compromisso de enfocar ainda mais os fundamentos da excelência operacional, além de dar impulso ao movimento de nossos restaurantes no período diurno com o lançamento do cardápio de café da manhã e a expansão da linha de bebidas para além dos refrigerantes gasosos.

AS MELHORES PRÁTICAS NA APPLE: Aparentemente, o negócio da Apple parece muito diferente do nosso. Mesmo assim, em 2010, Greg Creed, CEO da Taco Bell, e sua equipe sênior de liderança visitaram a Apple porque a empresa apresentava um sucesso fenomenal na criação de novos produtos que as pessoas desejam e de uma imagem de marca que as seduz. Uma das ideias que os líderes da Apple pregavam era a de "adição por subtração", o que para eles significava que, ainda que pudessem colocar quarenta botões em um iPod, não seria mais atraente para o cliente ter de lidar com apenas um ou dois? Tudo para eles resulta de clareza e simplicidade, conceitos esses que foram aplicados pelos líderes da Taco Bell de diversas maneiras. Por exemplo, a equipe lançou um programa de simplificação de cardápios, que reduziu a quantidade de itens oferecidos a fim de facilitar os pedidos por parte dos clientes e, ao mesmo tempo, agilizar o atendimento.

COMPARTILHANDO A "ICHING": Nossa empresa é tão grande e incorpora tanto know-how que um de nossos maiores desafios foi descobrir como compartilhar conhecimento de maneira eficiente e eficaz. Para entender como poderíamos facilitar esse compartilhamento, uma equipe liderada por Emil Brolick, ex-diretor de operações, visitou a IBM, a P&G e a Microsoft para descobrir acerca de seus sistemas de disseminação de conhecimento. Disso resultou a iChing, nossa rede interna de interconexão e propagação de ideias e conhecimentos, em qualquer parte do mundo. E o mais incrível é que esse sistema teve tanto êxito que, atualmente, diversas empresas nos consideram um modelo de compartilhamento de know-how. Propagamos nossa história com empresas como Kimberly-Clark, Marriott, Best Buy e Disney, entre muitas outras.

QUATRO TÁTICAS PARA SER UM VICIADO EM KNOW-HOW

1. *Elimine de seu vocabulário a frase "não foi inventado aqui"*: Essa frase denota uma relutância em adotar algo só porque veio de fora de sua esfera de atuação. Seu papel como líder consiste em assegurar que nada impedirá a implementação de uma boa ideia, independentemente da origem dela.
2. *Aja como se fosse o dono*: Esse espírito não tem nada a ver com ego, mas com o modo de encarar o negócio. Se você fosse dono da empresa onde trabalha, estaria preocupado com todos os aspectos dela. Não pensaria apenas em sua função ou seu departamento; pensaria no todo. Adotar essa atitude vai forçá-lo a avaliar e aprender sobre mais aspectos do negócio, dando-lhe uma perspectiva mais ampla. Também demonstrará aos outros seu potencial para assumir mais responsabilidades.
3. *Mantenha o foco em seu Grande Objetivo*: Na era da informação, o conhecimento está por toda parte. É preciso, portanto, ser estratégico. Você já percebeu que quando decide qual carro comprar, de repente passa a vê-lo em qualquer lugar? É claro que isso não acontece porque todas as pessoas possuem o mesmo

> *A cada ano, eu queria melhores resultados e, sabendo que não podia ficar estagnado, no fim das temporadas eu escolhia algum tópico do jogo para estudar. Podia ser rebote, marcação por zona ou contra-ataque. Eu pegava todos os livros escritos por técnicos que considerava os melhores no tema em questão, lia-os e fazia anotações. Em alguns casos, ligava para os técnicos para obter mais informações. Quando Alcindor (mais tarde conhecido como Kareem Abdul-Jabbar) se juntou ao time, eu nunca havia treinado um jogador com sua estatura. Entrei em contato com Wilt Chamberlain e outros técnicos que trabalhavam com jogadores do mesmo porte físico e também conversei com atletas para obter todas as informações possíveis sobre como lidar com atletas muito altos e talentosos. Acho que fazer esses estudos fora da temporada me manteve antenado... O que conta é aquilo que você aprende além de tudo o que já sabe.*
>
> – John Wooden, técnico da equipe de basquete da UCLA, campeã de dez campeonatos nacionais

modelo, mas sim porque identificar o que se deseja dá à mente foco e filtro. Você tem de fazer a mesma coisa em relação a seu Grande Objetivo. Com a antena ligada e seu Grande Objetivo sempre em mente, subitamente as ideias de como alcançá-lo surgirão a todo instante.

4. *Procure detentores e fontes de conhecimento*: Seja proativo em adquirir conhecimento procurando por expertise. Quem sabe algo sobre aquilo em que você está trabalhando? Vá conversar com essas pessoas. Você se surpreenderá com quantas portas se abrirão só por dizer que gostaria de aprender com elas. Além disso, onde encontrar informações sobre aquilo em que está envolvido? Vá atrás dessas fontes, sejam elas estudos de caso, livros, revistas de negócios etc.

✚ Eliminando radicalmente a frase: "Não foi inventado aqui"

Estar aberto e alerta a boas ideias é somente a metade da batalha. Você tem de se posicionar para atrair as boas ideias para si. Isso significa criar uma atmosfera em que as pessoas com quem se relaciona se sintam à vontade para se manifestar e saibam que há benefícios em fazer isso.

No início da carreira, tive um chefe que, sempre que eu o procurava com uma nova ideia, dizia: "Engraçado, eu estava pensando a mesma coisa". A princípio, achei esquisito como éramos parecidos, mas logo entendi a situação. Como o grande chefe, ele não queria admitir que não pensara em nada. E aquilo não acontecia só comigo. No escritório, "estava pensando a mesma coisa" virou a frase jocosa que alguém gritava quando outro tinha uma ideia, por mais trivial que fosse. ("Acho que vou tomar água..."; "Sabe, eu estava pensando a mesma coisa.") Não só o mau hábito de nosso chefe refreou nosso impulso de lhe apresentar ideias que podiam melhorar o negócio, mas também fez com que perdêssemos o respeito por ele como líder. Afinal, se ele precisava roubar nossas ideias, não devia ter muita confiança em suas próprias.

> *Eu devia ter uns quarenta anos quando, finalmente, tive de admitir que não era perfeito em tudo que fazia. Essa primeira admissão foi provavelmente a mais difícil... Preciso reconhecer que nem sempre tenho as melhores ideias. Nosso pessoal nem sempre tem as melhores ideias. Minha empresa nem sempre tem as melhores ideias. Por isso, devo ficar atento a tudo que me rodeia.*
>
> – David Cote, CEO da Honeywell International

Por outro lado, certa vez, Howard Draft, presidente do conselho de administração da Draffcb, uma das maiores agências de comunicação do mundo, me contou que, apesar de estar no ramo há mais de trinta anos, frequentemente recorria a ideias e opiniões de jovens recém-saídos da faculdade. Em uma reunião recente,

> *Acho que a melhor coisa que posso fazer para me tornar uma líder melhor é manter a mente aberta a todos os pontos de vista, ouvir pessoas de outros setores e aprender com elas, pois acredito que nosso mundo está mudando tanto que, primeiro, tenho de descobrir muitos pontos e, depois, descobrir como ligá-los. Temos de reconhecer que não existe um livro sobre como dirigir uma corporação de US$ 40 bilhões, e que, neste momento, está chegando a US$ 60 bilhões. Não basta tirar um livro de uma prateleira e lê-lo para se tornar um líder. É preciso escrever o livro conforme se avança. O que faz realmente a diferença é ouvir e aprender.*
>
> – Indra Nooyi, CEO da PepsiCo

na qual uma equipe trabalhava em uma estratégia criativa para um produto da Kraft, Draft apresentava sua opinião ao grupo quando "uma jovem com um piercing no nariz e cabelo vermelho olhou para mim e disse: 'Você está totalmente errado e vou lhe dizer por quê'. Senti tanto orgulho daquela garota que me aproximei dela e a abracei".

Imagine a diferença de trabalhar para estas duas pessoas: uma nem mesmo admitia que as ideias que você tinha eram suas; a outra abraçou uma funcionária na frente de todos porque ela teve coragem de defender suas opiniões, que respaldava com conhecimento. Com quem você preferiria trabalhar?

✚ Táticas para eliminar a frase: "Não foi inventado aqui"

Se você quiser mobilizar as pessoas e alcançar seus objetivos com mais eficiência e eficácia, precisará aprender a ver cada indivíduo e cada experiência como uma oportunidade de expandir sua base de conhecimento. As táticas a seguir vão ajudá-lo a assegurar que eliminará de verdade a frase "não foi inventado aqui":

1. *Modele o comportamento dominante assumindo-se como um dependente de know-how*: Quando atuava em marketing, eu lia a revista *Ad Age* todas as semanas do começo ao fim. Realmente, qualquer coisa que tinha algo a ver com marketing despertava meu interesse, minha busca por ideias e conhecimentos sobre o que acontecia no setor. Se você quiser que seu pessoal seja ávido por aprender, terá de lhes demonstrar sua paixão por isso também.
2. *Escute de maneira ativa e aprenda com os outros*: Todos os anos, uma das melhores coisas que faço é comparecer aos encontros da American Society of Corporate Executives. É um grupo de cerca de trinta CEOs em atividade que se reúnem periodicamente. Para participar, cada um deve fazer uma apresentação de dez minutos sobre algo que aprendeu nos últimos seis meses, seguida de um debate com os outros CEOs. Trata-se de um grupo de pessoas muito inteligentes e bem preparadas, mas é incrível quanto ainda podemos aprender. Sempre me surpreendo com o volume de conhecimento que adquiro somente ouvindo com atenção executivos versados falando durante algumas horas.
3. *Crie uma cultura de debate saudável / decisões saudáveis*: Isso significa que é fundamental criar um ambiente seguro, em que as pessoas possam compartilhar e discordar sem medo. Certa vez, tivemos uma reunião de diretoria em que Javier Benito, diretor de marketing da KFC, falou sobre nossas novas bebidas geladas Krusher. Ele elogiou a nova fórmula norte-americana, que é diferente de outra que fez sucesso internacionalmente. Eu não achava a versão norte-americana tão boa assim, e disse isso a Javier na reunião. Ele apresentou todos os motivos pelos quais discordava de mim. Discutimos o assunto por um tempo na frente da diretoria, composta por meus chefes. Após a reunião, fui direto para o escritório de Javier para expressar o quanto apreciei a manifestação de seu ponto de vista. Eu ainda achava que ele estava errado, é claro, e também lhe disse isso, porém o mais importante era ele ter exposto sua convicção corajosamente, o tipo de comportamento que queríamos em nossa empresa. E eu o agradeci por isso.

> *Se eu disser: "Vejam só, essa é uma ideia de Steve, e acho que é uma grande ideia", as pessoas escutarão sem piscar. Se eu disser: "Tive uma grande ideia", as pessoas ficarão um pouco céticas, pois todos gostam muito das próprias ideias. Defender as ideias de outras pessoas é a melhor maneira de fazer realizações.*
>
> – Micky Pant, presidente de Global Branding da Yum! Brands

4. *Celebre a ideia dos outros*: Não existe ideia de que as pessoas mais gostem do que as próprias, mas, quanto mais alto se chega, mais importante é celebrar as ideias dos outros. Isso criará um ambiente em que as pessoas desejarão apresentar suas ideias, em vez de omiti-las. Eis porque, sempre que falo sobre o curso Achieving Breakthrough Results, certifico-me de dar o crédito a Sam Su, por ser o primeiro a descobrir as ferramentas de John O'Keeffe. Como disse certa vez Robert Woodruff, ex-presidente da Coca-Cola: "Não há limite para o que o homem pode fazer, ou até onde pode ir, se ele não se importar com quem recebe o crédito".
5. *Compartilhe o que você sabe*: Como já mencionei, visito Warren Buffett todos os anos, e, quando o pessoal da minha organização descobre isso, fica sempre curioso. Atualmente, Warren é uma das mentes mais respeitadas em negócios, e as pessoas sempre querem saber o que ele tem a dizer. Por isso, após cada visita, compartilho a sabedoria dele com minha equipe. Até comecei a convidar um de nossos melhores líderes para participar desse almoço anual, como recompensa por um desempenho superior. Dessa maneira, eles podem aprender diretamente de Warren, assim como eu.

✚ Insights e ações

AUTORREFLEXÃO

Avalie-se em relação ao seguintes itens abordados no Capítulo 3 – "Seja um aprendiz ávido"	Oportunidade de melhoria	Ponto forte
1. As pessoas com quem me relaciono afirmam que sou um bom ouvinte.		
2. Estou sempre aberto e disposto a admitir quando não tenho todas as respostas.		
3. Regularmente ultrapasso limites para incluir aqueles que são diferentes de mim, a fim de expandir meu pensamento.		
4. Estou sempre pronto a adotar e integrar ideias e conhecimento dos outros... e lhes dou crédito publicamente.		
5. Defino expectativas e responsabilizo minhas equipes pelo compartilhamento de know-how com outras pessoas internamente e além dos limites da organização.		
6. Com frequência exponho meu pessoal às melhores tecnologias, mentes, práticas, negócios, treinamentos etc.		

EXERCÍCIOS

1. Analise suas respostas anteriores: você faz todo o possível para desenvolver o know-how e expandir seu QI?
   - Que know-how adicional posso utilizar?
   - Onde e quando posso obtê-lo?
   - Escuto com a mente aberta os pensamentos e as ideias dos outros?

2. Você procura oportunidades para desenvolver seu know-how? Pense nas pessoas com quem interage regularmente e se pergunte:
   - Quem são as três pessoas que conheço com conhecimentos que me ajudariam a executar meu Grande Objetivo?
   - Procure-as e vá conseguir seu know-how!
   - Cite duas ações que você pode começar a tomar amanhã para ajudar a eliminar a frase "não foi inventado aqui" de sua equipe.

4 Libere o poder das pessoas

Acredito que a liderança é um privilégio. Também acredito do fundo do coração que uma pessoa, em circunstâncias normais, possui o desejo inato de fazer a coisa certa, de contribuir e de fazer a diferença por meio do trabalho que realiza. E estou plenamente convencido de que é fundamental ter essa atitude mental para extrair o máximo do pessoal com quem se trabalha. Na realidade, acredito que todo indivíduo tem potencial, e, como líder, é minha tarefa liberá-lo.

Em outras palavras, se existir desconfiança e inimizade entre os membros de sua equipe, sem sombra de dúvida a empresa será prejudicada. Frequentemente conto a história sobre como, ao me tornar presidente da KFC, herdei não só um negócio em crise, mas também um sistema repleto de animosidades. Por diversos motivos (como uma nada desprezível disputa contratual pendente), não havia confiança nem entendimento mútuo entre a liderança da empresa e os franqueados. Apesar de ser novo na KFC, entendi imediatamente que nenhum dos lados teria sucesso em um ambiente como aquele.

Meu primeiro ato oficial como presidente foi reunir os executivos da alta direção e informá-los de que as coisas tinham de mudar. Eu lhes disse que entendia as dificuldades do momento. "Mas quero que vocês saibam de uma coisa: gosto de trabalhar com franqueados", afirmei. "E, de agora em diante, vamos confiar nos nossos. Entrar em conflito não faz bem a nenhum dos dois lados. Podemos ter alguns franqueados problemáticos, mas a maioria investe sangue, suor e lágrimas no desenvolvimento dos negócios da KFC. E de uma coisa eu tenho certeza: assim como nós, eles não gostam de perder. Por isso, não quero que falem mal deles."

Em seguida, tive de convencer os franqueados de que estávamos em uma nova era. Fui a todos os nove encontros de suas associações regionais e perguntei o que *eles* fariam se estivessem no comando. Dividia-os em grupos, e cada um deles tinha de apresentar suas ideias. Eu simplesmente me sentava e os escutava.

Foi o início de um novo relacionamento. E acredito sinceramente que, não fosse por isso, o que veio a seguir nunca teria acontecido. Os fatores considerados responsáveis pela recuperação da KFC durante meu mandato como presidente, de 1994 a 1997, são dois novos produtos muito populares: o Crispy Strips [tiras crocantes] e o Chicken Pot Pie [empadão de frango]. Ambos só surgiram porque tivemos um relacionamento mais aberto com nossos franqueados. O Crispy Strips foi criado por um franqueado de Arkansas; essas tirinhas de frango preparadas na hora ajudaram a incrementar seu negócio em 9%. Quando soube disso, peguei o primeiro avião para dar uma olhada. Gostei muito do produto. O franqueado nos levou a seu fornecedor, que trabalhou com nossa equipe de P&D a fim de conseguirmos abastecimento suficiente para o atendimento de todo o país.

Nosso Chicken Pot Pie também foi resultado do trabalho mais próximo com os franqueados. Criei o que denominei Chef Council [conselho do chef], composto de franqueados que gostavam muito de preparar bons pratos. Às nove da manhã, começávamos o teste de degustação das novas receitas, e comíamos tanto que alguns de nós tinham de tirar uma soneca à tarde. Um dos membros do Chef Council sugeriu uma receita de empadão que abriu caminho para outro grande sucesso.

A verdade é que isso contribuiu para consolidar minha carreira. O Crispy Strips e o Chicken Pot Pie impulsionaram muito as vendas e geraram outros novos produtos que obtiveram o mesmo sucesso. A KFC voltou a crescer, e os lucros quase dobraram em apenas três anos. E eu recebi o crédito pela recuperação de uma marca que estava em declínio havia muito tempo. Esse sucesso me deu uma reputação de liderança, o que me conduziu à posição de vir a comandar a Yum! Brands. Se você perguntar ao pessoal de finanças o que inflamou o negócio, eles dirão que foram os novos produtos, mas em minha opinião foi o triunfo do espírito humano. Tudo começou com uma decisão simples: confiar nos franqueados. Isso abriu caminho para eles confiarem em mim e na corporação, e, juntos, desencadeamos o poder de alavancar o êxito de nosso pessoal.

Verificação da atitude mental

"Se você permitir que as pessoas se comportem muito mal, elas começarão a se comportar muito mal."

versus

"Acredite nas pessoas, e elas acreditarão em você."

✚ O que acontece quando você confia nas pessoas?

O que as pessoas não percebem é que ter confiança nos outros pode expandir suas próprias possibilidades de sucesso. Os exemplos a seguir mostram como o simples ato de fé no potencial humano produziu um grande sucesso financeiro.

- *As pessoas fazem o que nem sequer sabiam que podiam fazer*: No início da carreira, David Cote, atual CEO da Honeywell International, conseguiu um emprego para administrar uma fábrica de produtos químicos. Apenas três semanas depois de assumir o cargo, ele foi procurado por um dos operários que disse: "Acabamos de descobrir um problema com a qualidade do ar e vamos ter de paralisar as operações por duas semanas". Cote ainda estava conhecendo seu novo trabalho e como ele próprio me confessou:

"Além das aulas na escola, eu não sabia nada de química". Ele não tinha ideia de como solucionar o problema, mas sabia que a fábrica não poderia ficar parada por tanto tempo. "Tudo o que eu disse para o operário foi que me recusava a aceitar aquilo", ele lembrou. Cote sugeriu que o funcionário reunisse em uma sala quem fosse capaz de ajudar e, em 24 horas, lhe trouxesse a resposta de como poderiam contornar a paralisação de duas semanas, enquanto cumpriam as normas relativas à qualidade do ar.

O operário respondeu que seria impossível, mas Cote se manteve firme em sua posição. "Lembro-me de ter pensado, 'puxa, não sei mais o que fazer'", ele revelou. "Só espero que consigam resolver o problema." No dia seguinte, Cote chegou cedo, pensando em um modo de administrar a paralisação, e descobriu que sua fé não fora descabida. A equipe propôs uma forma de reparar o problema que não só descartaria a paralisação, mas também custaria US$ 200 mil a menos do que o plano original. Até Cote ficou surpreso: "Aquilo realmente me espantou, pois demonstrou que nem sempre as equipes sabem tudo o que são capazes de fazer".

- *As pessoas têm mais autonomia no trabalho*: No ano de 2000, conheci o especialista em liderança Ken Blanchard em um encontro dos franqueados da KFC, onde ele falou sobre a importância de criar a cultura de valorização do capital humano dentro de uma organização, a fim de dar vida ao conceito de foco no cliente. Afinal de contas, só se pode alcançar os clientes por meio de seu pessoal; portanto, é melhor contratar os melhores funcionários, treiná-los bem e capacitá-los para satisfazer seus clientes. Gostei tanto do que ele expôs que o convidei a dar uma palestra em uma das reuniões da alta administração em Louisville. Nessa ocasião, ele contou uma história sobre como a rede hoteleira Ritz-Carlton treinou seus funcionários para lidar com as reclamações dos clientes, dando-lhes autonomia para gastar até US$ 2 mil para satisfazer os clientes sem ter de pedir qualquer autorização prévia. Gostamos tanto da ideia que a adotamos na Yum! e desenvolvemos o programa de treinamento "Obsessão pelo cliente", que ensinava aos balconistas como escutar os clientes, ser compreensivos com os problemas deles, corrigir os erros e superar expectativas dentro de limites razoáveis. Também incluía uma política pela qual os funcionários do restaurante podiam usar até US$ 10 para resolver os problemas dos clientes de imediato, sem precisar chamar o gerente. Isso teve um grande impacto sobre os membros da equipe, que se sentiram respeitados e com poder de decisão, e, por outro lado, sobre os clientes, que sentiram que seus problemas eram mais bem tratados e com mais rapidez. (Ken Blanchard ficou tão encantado com nossa visão de construir uma nova empresa que até escreveu um livro a nosso respeito intitulado *Customer mania: it's never too late to build a customer-focused company* [*Obsessão pelo cliente: nunca é tarde demais para construir uma empresa focada no cliente*, sem edição brasileira], publicado em 2004.)

- *As pessoas estão prontas para enfrentar desafios*: Stephen Burke relembra, tenso, o momento em que foi convidado a ir a Paris para ser presidente da Eurodisney. O parque funcionava há apenas seis meses e estava "em péssima situação", como ele me descreveu. "Analisamos os números e percebemos que, se não fizéssemos algo drástico, além de perdermos US$ 500 milhões no primeiro ano, os juros compostos piorariam ainda mais a situação." Ficou claro que o plano de implementação não estava dando certo, e isso se referia aos muitos norte-americanos enviados de Orlando para construir o parque e colocá-lo em funcionamento. Basicamente, eles seguiam o manual de Orlando para gerenciar um parque em Paris. Steve e sua equipe decidiram mandá-los de volta para casa. No lugar deles, promoveram muitos jovens europeus e os estimularam a descobrir como administrar um parque que agradasse aos clientes europeus. "Essa foi a coisa mais inteligente que fizemos", Steve me contou. "Mudou completamente a empresa e gerou muito entusiasmo. Na verdade, isso me ensinou que, se você tiver pessoas que estão realmente em contato com o cliente, se tiver pessoas que estão empolgadas com o que fazem, entregue-lhes o controle, pois, nesse caso, elas farão a coisa certa na maioria das vezes."

+ Criando confiança em sua equipe

Se conseguir criar um ambiente em que cada um sinta que faz parte da equipe e tem oportunidade de contribuir, você vai preparar terreno para que as pessoas possam fazer grandes realizações. O ponto de partida para desenvolver um ambiente desses é a confiança.

Estender a mão para as pessoas e criar relações baseadas na confiança pode parecer uma ideia natural, mas como fazer isso? Não é o tipo de matéria que se ensina em cursos de administração. A seguir, você verá o que fazer para mostrar às pessoas que acredita nelas e que se importa com elas.

1. *Saiba que as pessoas querem contribuir*: Comece com a atitude certa – entenda que 99,9% das pessoas vão trabalhar todos os dias querendo fazer o melhor que podem. Portanto, *você* tem de ir trabalhar todos os dias pensando dessa maneira a respeito de seu pessoal, grato por isso, e não querendo pegar o 0,1% que quer bagunçar as coisas ou agir de má-fé. Isso nem sempre é fácil, pois todos nos preocupamos com a possibilidade de alguém tirar vantagem de nós; tememos parecer ineptos, se isso acontecer. No entanto, você tem de se lembrar de que é o líder e o ponto de partida de tudo. Se você não confia nas pessoas, por que elas deveriam confiar em você? Posso lhe dizer uma coisa com certeza: nunca confiei em alguém que não confiava em mim... E garanto que a recíproca é verdadeira.
2. *Demonstre que todos têm importância*: Já foi comprovado que as empresas mais bem-sucedidas adotam uma cultura na qual cada indivíduo se sente valorizado. Independentemente do cargo, todos sabem que têm chance de contribuir e fazer a diferença. O técnico de basquete John Wooden me disse que costumava comparar sua equipe a um carro. Um jogador extraordinário pode ser um motor potente, enquanto os outros se assemelham mais às porcas que seguram a roda. "Mas, se perdermos essa roda, para que servirá o motor?", ele questionou. "Todos são importantes. Todos devem sentir que são necessários. Se você sentir que não é necessário, ficará sem perspectivas."

Recentemente, vi um exemplo disso em visita à Índia. Nossa equipe no país, liderada pelo gerente-geral Niren Chaudhary, assumiu a responsabilidade social corporativa como prioridade real, definindo como missão alcançar o "crescimento com compaixão". Uma de suas ações consiste em ter no mínimo uma loja KFC em cada cidade importante administrada por equipes compostas por surdos-mudos. Visitei uma dessas lojas em Bangalore, onde me saudaram com nossa aclamação Yum! na língua de sinais. Fiquei impressionado em ver que a cozinha funcionava com um sistema de luzes que substituía os sons de campainha que usualmente avisam os garçons quando a comida está pronta. Na entrada da loja, havia cardápios especiais que os clientes podiam apontar a fim de comunicar seus pedidos. O restaurante até fornecia displays de mesa que ensinavam o básico da língua de sinais, o que os clientes adoravam. A capacidade de Niren de enxergar o potencial de cada pessoa e oferecer um lugar onde esse potencial pudesse ser utilizado fez um tremendo sucesso. Na Índia, o restaurante de Bangalore é considerado o segundo melhor entre 118 estabelecimentos. Sobretudo, serve para inspirar toda a organização sobre o que as pessoas são capazes de fazer.

3. *Quanto mais sabem, mais se importam*: Foi um princípio que aprendi ao visitar o Walmart. Uma forma de mostrar às pessoas que você confia em suas capacidades e intenções é compartilhar com elas aquilo que sabe. Ninguém entendeu isso melhor do que Sam Walton, fundador do Walmart. Desde o início, ele organizou encontros aos sábados, nos quais reunia os funcionários com o único propósito de compartilhar com eles tudo o que sabia sobre o negócio. Por que se preocupar com isso? Certa vez, ele escreveu o que acredito que explica a razão: "Quanto mais as pessoas sabem, mais elas entendem. Quanto mais entendem, mais se importam. E quando se importam, não há barreiras para elas. Se você não confiar em seus colaboradores para saber o que acontece, eles perceberão que você realmente não os considera parceiros".

4. *Faça perguntas que promovam o insight:* Para descobrir mais sobre quem as pessoas são e o que elas pensam, uma de minhas perguntas favoritas é: "O que você faria se estivesse em meu lugar?". Penetrar a mente das pessoas é importante, portanto não se acomode. Não procure conhecer somente aqueles com quem se relaciona todos os dias. Denomino isso "going two deep" [algo como ir duplamente a fundo]*; significa que você tem de saber não só aquilo que seu chefe pensa – tem de saber aquilo que o chefe de seu chefe pensa. E tem de saber não só aquilo que seus subordinados diretos pensam. Dedique algum tempo àqueles que se reportam a seus subordinados diretos. Amplie essa ideia ainda mais – a clientes, consumidores ou qualquer um que possa ter algo a ver com o objetivo a ser alcançado. Você demonstrou que se importa com eles perguntando o que pensam e preocupando-se em conhecê-los melhor?
5. *Tome uma ação responsiva*: Após descobrir o que as pessoas pensam, você deve tomar uma atitude e mostrar que as levou em consideração. John Calipari, técnico do time de basquete da University of Kentucky, me contou que, em 2009, recrutou John Wall, um jogador universitário de alto nível. Logo ficou claro que esse rapaz estava prestes a virar profissional, e Calipari percebeu que os outros jogadores se sentiam cada vez mais incomodados com toda a atenção que Wall recebia. O técnico poderia simplesmente não ter interferido na situação, mas isso teria destruído o espírito de equipe e a confiança mútua que precisavam ter para ser um grande time. Então, ele tomou uma atitude. Teve uma conversa particular com o atleta: "John, sem dúvida, você é a estrela desse time e vai virar profissional. Quero que leve com você o máximo de colegas da equipe. Você também precisa ajudá-los a se destacar". Wall levou a sério as palavras do técnico e fixou como objetivo melhorar não só seu desempenho, mas também o de todos a seu redor. O poder de todo aquele talento coletivo foi ativado. Quando saiu a convo-

* Jogo de palavras: *two* [dois] e *too* [bem, muito] são vocábulos homófonos. (N. T.)

cação da NBA [Associação de Basquete Profissional dos Estados Unidos], Wall encabeçava a lista, seguido por quatro de seus colegas de time: DeMarcus Cousins, Patrick Patterson, Eric Bledsoe e Daniel Orton. Foi um feito histórico. Nunca houve um número maior do que quatro jogadores de uma única equipe universitária selecionados, mas, naquele ano, o time da University of Kentucky teve cinco escolhidos.

Exercício: COMO CONHECER AS PESSOAS

Não ignore fatos simples, como o de que realmente não se pode confiar em alguém que não se conhece. Conhecer melhor as pessoas não só fará com que se sinta mais à vontade quando tiver de recorrer a elas, mas dedicar-se a isso também lhes mostrará que você se importa com elas.

A seguir, há um exercício de desenvolvimento de relacionamento que aprendi com John O'Keeffe, que pode ser utilizado com qualquer pessoa a quem se queira pedir ajuda para alcançar um Grande Objetivo. A chave é se lembrar de que, quanto mais forte o relacionamento, mais se pode contar com o outro.

Primeiro, faça estas três perguntas à pessoa. Resista ao impulso de responder-lhe ou comentar o que ela disser. Em vez disso, só escute e agradeça pelas respostas.

1. O que você acha que não sei a seu respeito?

2. Do que você gosta em mim?

3. O que você acha que temos em comum?

Em seguida, dê a ela a oportunidade de formular as mesmas perguntas a você.

Eis o segredo: realizar três rodadas dessa dinâmica. Na terceira, vocês terão dificuldade em encontrar respostas, mas não desistam. Ser incisivo nas respostas realmente faz a diferença. Respostas superficiais desenvolverão relacionamentos superficiais.

Outro método vem do pessoal da Google. Em uma reunião com pessoas que não se conhecem, em vez de simplesmente pedir a todos que se apresentem, o líder solicita: "Diga quem você é, o que faz e o mais perto que já chegou de ser preso". Além de atrair a atenção geral, essa pergunta ajuda a criar imediatamente uma atmosfera de diversão e franqueza.

Ferramenta: MODELO DE CONFIANÇA

Este modelo, adaptado de *The Trust Equation* [A equação da confiança, sem edição brasileira], de Charles H. Green (Trusted Advisor Associates, LLC), esquematiza o que faz de alguém um indivíduo confiável. Examine os pontos abaixo e considere como você se avaliaria em cada área, no dia a dia.

$$\text{Confiança} = \frac{P + A + R}{O}$$

Construtores de confiança

Confiável em palavras (P)

- Você fala a verdade?
- Você admite quando não sabe algo?

Confiável em ações (A)

- Você cumpre os compromissos?
- Você se compromete somente com o que planejou concluir?

Receptivo a outros pontos de vista (R)

- Você busca de maneira ativa a opinião de outras pessoas?
- Você mostra às pessoas como agiu em relação a essas opiniões?

Destruidores de confiança

Auto-orientação (O)

- Até que ponto o foco está mais em você do que nos outros?

São necessários vinte anos para construir uma reputação e cinco minutos para destruí-la. Se você pensar nisso, fará as coisas de maneira diferente.

– Warren Buffett

✚ Triunfo do espírito humano

Como já mencionei, considero a recuperação da KFC não tanto um sucesso empresarial, mas sobretudo um triunfo do espírito humano. Não foram os princípios organizacionais que realmente fizeram a diferença nesse caso – foram os princípios morais. Foi a ideia de que, se confiássemos uns nos outros, poderíamos trabalhar juntos para tornar realidade algo que era maior do que nossas capacidades individuais.

Aceleramos a gestão. Em vez de reuniões semanais de avaliação de risco, tínhamos três por dia. Em vez de doze pessoas reunidas, convocávamos todos os que conheciam os fatos e podiam comunicá-los com muita rapidez. Isso, de certo modo, mudou todas as regras vigentes. Não fazia diferença quem você era, onde atuava. Quem tinha algo a dizer aparecia... O pessoal trabalhava nos fins de semana, analisava todos os créditos, todas as contas, todas as empresas que podiam estar com problemas... Foi bonito de se ver.

– Jamie Dimon, CEO do JPMorgan Chase, sobre como sua organização atravessou a crise financeira de 2008

Há alguns anos, deparei com um exemplo muito mais relevante e profundo a esse respeito, quando visitava alguns de nossos restaurantes na Europa e decidi passar o fim de semana na região da Normandia. Gosto de história, e essa viagem estava na minha lista de coisas a fazer antes de morrer. Assim, fiquei empolgado em conhecer os lugares que sediaram os principais eventos do Dia D, mudando o curso dos acontecimentos na Segunda Guerra Mundial. Sempre acreditei na importância de estabelecer relações de confiança com as pessoas e lhes mostrar que me importo com elas, mas esta história contada pelo guia francês realmente me sensibilizou:

Uma das principais histórias de heroísmo e liderança daquele dia ocorreu em um lugar chamado

Pointe du Hoc. Ali, um penhasco de quase cem metros de altura se projeta sobre o Canal da Mancha, onde os navios dos Aliados se reuniram para lançar um ataque. Do alto do penhasco, pode-se ver tanto a Praia de Utah, à esquerda, quanto a Praia de Omaha, à direita. Dali, no Dia D, as armas alemãs puderam atingir milhares de soldados que desembarcavam nas praias abaixo.

As unidades encarregadas de tomar Pointe du Hoc sofreram pesadas baixas enquanto desembarcavam, avançavam pela areia úmida e escalavam o penhasco. Na Companhia D, por exemplo, somente vinte dos setenta homens ainda estavam em condições de combate quando alcançaram o topo do penhasco. No entanto, o fato incrível foi que aqueles que permaneceram ativos, apesar de todo o caos, ainda conseguiam se concentrar em seu objetivo. Isso aconteceu mesmo após a morte de muitos líderes. Quando os capitães foram mortos, os tenentes assumiram o comando. Quando os tenentes foram mortos, os sargentos assumiram. Quando os sargentos foram mortos, os soldados rasos assumiram (e foram eles que realmente venceram a batalha). E assim foi até que concluíram sua missão.

Naquele dia, muitas coisas não saíram como o planejado, mas o objetivo final foi alcançado: as tropas aliadas conseguiram a cabeça de ponte de que precisavam na linha de combate ocidental. Um dos responsáveis por esse êxito foi o general Eisenhower, que estava no comando da operação. Ele permitiu que seu pessoal em terra tomasse as próprias decisões no calor da batalha. O general não tentou controlar os mínimos detalhes; simplesmente confiou em seu pessoal e sua preparação e esperou notícias no centro de operações.

No entanto, antes de enviar as tropas para a batalha, Eisenhower transmitiu uma mensagem para seus oficiais que deve ter alcançado todos os níveis: "Esta operação não foi planejada com alternativas. Esta operação foi planejada como uma vitória, e assim será. Vamos desembarcar ali, vamos lançar ali tudo o que tivermos e vamos obter a vitória". A conquista de Pointe du Hoc é só um exemplo – e há muitos outros – de como essa mensagem se espalhou para todos os homens na linha de combate, que lançaram mão de tudo o que tinham para que a parte deles na operação fosse bem-sucedida.

Por outro lado, no Dia D, quando as forças aliadas desembarcaram, Hitler estava dormindo. Isso era previsível, considerando-se que o desembarque começou por volta das cinco e meia da manhã. O que me surpreendeu – na verdade, me deixou perplexo – foi que, embora reforços urgentes fossem necessários, duas divisões Panzer de Hitler ficaram imobilizadas durante horas. Elas só poderiam se movimentar por ordem do próprio *Führer* (ele não confiava em ninguém para fazer isso), e nenhum de seus comandados teve coragem de acordá-lo. O líder nazista finalmente acordou por volta do meio-dia, e só então suas tropas tiveram autorização para mudar de posição. E, só para colocar a cronologia dos fatos em perspectiva, os corajosos Rangers conquistaram Pointe du Hoc às nove da manhã.

✚ Deixe que os outros o responsabilizem

Você se obrigará a ser um líder melhor se disser às pessoas que podem cobrá-lo quando não estiver cumprindo as expectativas de seu cargo. A maioria das pessoas, porém, está acostumada a ser cobrada por seus chefes, e não vice-versa. Para obter a opinião honesta das pessoas sobre seu negócio e seu desempenho, você terá de solicitá-la.

Não faz muito tempo que Jamie Dimon, CEO do JPMorgan Chase, me contou uma história sobre esse mesmo assunto. Certo dia, ao ler cartas de reclamações de clientes, o que fazia periodicamente como um indicador do funcionamento do negócio, deparou com a queixa de uma senhora idosa sobre o programa de proteção do cartão de crédito. A divisão de cartão de crédito do Chase enviava ofertas de desconto para os clientes, mas, como o folheto explicava, ao devolver o formulário para obter um desconto de US$ 9, também se aderia ao programa de proteção a um custo adicional. Aquela cliente não havia entendido a informação ao assinar o contrato e agora queria cancelar sua adesão. Jamie concordou com ela e pediu para sua assistente colocá-lo em contato com o departamento de crédito. Ela comentou: "Ah, temos muitas reclamações como essa". Jamie perguntou por que ela não havia mencionado isso antes e obteve a resposta de que ela não sabia que ele queria saber esse tipo de coisa. Jamie me falou: "Adoro minha assistente, mas eu lhe disse: 'Por favor, mesmo que ache algo ridículo, eu quero saber'. E ela retrucou: 'Bem, esse programa é ridículo'. Liguei para o pessoal do cartão de crédito e ordenei que suspendessem aquilo. Questionei se eles tratariam suas mães dessa maneira". Como todo bom líder, Jamie sabe que, quando se trata bem clientes e funcionários, sempre se ganha mais dinheiro no fim das contas.

Logo depois de assumir a presidência da KFC, enquanto pensava como lidaria com a encrenca em que me meti, topei com um livro que resumia o tipo de líder que eu queria ser. Intitulava-se *Walk the talk* [algo como *O caminho demonstra-se andando*, sem edição brasileira], e discorria sobre como os líderes precisavam modelar os valores que queriam incutir em suas organizações, incluindo a ideia de que todas as pessoas da empresa têm importância.

> *A confiança permite que se mova rapidamente. Aumenta a velocidade. Percebe-se quando está ausente – mais verificações, controles e processos. Isso é a burocracia.*
>
> – Randall Stephenson, presidente do conselho de administração e CEO da AT&T

Com que frequência você lê um livro, é tocado por algo que está escrito nele, mas, em seguida, coloca-o de volta na prateleira e se esquece dele? Eu não queria que isso acontecesse comigo. Para me garantir, distribuí exemplares de *Walk the talk* para todos em nosso centro de apoio aos restaurantes e pedi que me cobrassem pelos princípios contidos nele. Fiz isso para enviar uma mensagem: as pessoas são minha prioridade. Mas também fiz isso por um motivo muito prático: como CEO, tenho muitas coisas em que preciso me concentrar, como nosso resultado financeiro, a percepção de nossa organização em Wall Street e em que aspectos a empresa precisa crescer e melhorar. Como líderes, é fácil deixar passar certas coisas, pois há muito detalhes em que devemos prestar atenção. Você fará um favor a si mesmo se pedir ajuda. Quanto a mim, aceito toda a ajuda disponível.

✚ Insights e ações

AUTORREFLEXÃO

Avalie-se em relação aos seguintes itens abordados no Capítulo 4 – "Libere o poder das pessoas"	**Oportunidade de melhoria**	**Ponto forte**
1. Trato *todos* os membros de minha equipe de um modo que os faz sentir que têm importância e fazem diferença.		
2. Vejo os erros dos outros como oportunidades de aprendizagem, em vez de oportunidades para criticar.		
3. Sou muito receptivo a compartilhar informações com todos os níveis de minha organização.		
4. Apoio as decisões de minha equipe, em vez de fazer críticas posteriores.		
5. Faço perguntas minuciosas para me informar sobre meu pessoal, suas ideias e o negócio.		
6. Incorporo as ideias dos outros nos planos e reconheço-os por suas contribuições.		

EXERCÍCIO

Revise seu Mapa de Pessoas no Capítulo 1 e questione-se sobre os itens a seguir. Utilize cores diferentes, outros papéis etc., ao atualizar e fazer anotações nesse mapa, para captar melhor seus pensamentos e ações.

- Você deixou alguém de fora de seu Mapa de Pessoas? Em caso afirmativo, adicione a pessoa.
- A confiança é importante. Avalie seu nível de confiança em relação àqueles listados em seu Mapa de Pessoas. Como aumentar a confiança entre vocês?
- Você pediu contribuições a alguém de cada grupo para seu Grande Objetivo? Utilizou essas contribuições ou mostrou que as escutou? Reconheceu as contribuições?

5 Você tem de acreditar que é possível

Nesta seção sobre atitude mental, não me concentrei muito no objetivo específico que você definiu para si no início do livro. Até aqui, enfoquei mais seu modo de pensar e visão de mundo como líder. Agora é o momento de abordarmos o objetivo definido. Pense por um instante sobre o que você quer alcançar e se pergunte: acredita realmente que consegue realizá-lo?

Se a resposta a essa pergunta não for um "sim" imediato e enfático, então você terá um desafio a enfrentar. Neste capítulo, falarei sobre como cultivar esse espírito de confiança em si mesmo e naqueles a seu redor. É fundamental que isso aconteça antes de se partir para os detalhes práticos, pois ninguém jamais realizou um grande projeto começando com a atitude "podemos tentar, mas provavelmente não vamos conseguir".

Pense no sucesso

Eu queria entender realmente como uma pessoa deve pensar para vencer em qualquer arena competitiva. Depois de visitar restaurantes em Williamsburg, na Virgínia, fui me encontrar com Bob Rotella em sua casa. Um dos principais profissionais de psicologia do esporte no mundo e especialista em alto desempenho, ele enfatizou bem este ponto: "Se você achar que é capaz de fazer alguma coisa, provavelmente o fará. Se achar que é incapaz, provavelmente não o fará". Mas acreditar que você pode ter êxito não é a mesma coisa que saber como chegar lá. Significa ter fé que você e seu pessoal encontrarão um caminho. Se ainda não tiverem o conhecimento necessário, vão encontrá-lo. Se ainda não tiverem os recursos necessários, vão obtê-los. Significa acreditar que você e sua equipe têm a capacidade de solucionar problemas. Se não acreditar nisso, precisará dedicar algum tempo para refletir sobre o motivo de sua descrença. Ao examinar essa questão com profundidade, você identificará as barreiras a seu objetivo.

Você pensa positivo? A Yum! Brands patrocina J. B. Holmes, jovem jogador de golfe. Em 2009, tive a sorte de vê-lo atuar na cidade onde moro, Louisville, no Kentucky, como integrante da equipe U.S. Ryder Cup. Foi um jogo difícil contra os europeus, e, no fim de um dia de competições, Holmes teve de lidar com uma importante e difícil tacada de 62 metros. Para mim, era praticamente impossível fazer a bola chegar perto da bandeira.

Observei Holmes com atenção enquanto ele estudava sua posição durante um tempo que pareceu uma eternidade. Ele abriu e fechou os olhos repetidas vezes, como se estivesse em transe. Finalmente, deu sua tacada e lançou a bola, que pousou bem perto da bandeira. Bastou uma batida leve na bola para lhe dar a vitória naquela importante competição. Mais tarde, quando lhe perguntei em que havia pensado antes de dar a tacada, ele respondeu: "Ignorei tudo a meu redor e pensei sobre todas as boas tacadas que já tinha dado na vida. Depois disso, eu sabia que estava pronto".

Em contraste, no início do ano seguinte, depois de disputar uma partida fantástica no último dia do Houston Open para se qualificar para o jogo decisivo contra Paul Casey, Holmes começou no décimo oitavo buraco, onde se aproximou da bola três vezes para dar a tacada, mas recuou parecendo hesitante. Quando finalmente deu a tacada, jogou a bola no lago. Novamente, após o torneio, tive a chance de perguntar a Holmes em que havia pensado naquele momento crucial, mas, dessa vez, obtive uma resposta muito diferente: "Estava ventando bastante, e eu sabia que tinha de tomar cuidado para não lançar a bola na água". Pense em água, e, provavelmente, acabará nela.

Você precisa mudar sua perspectiva? Bob Rotella também me contou sobre Paul Azinger, que acabara de sair de sua casa quando cheguei. Quem é fã de golfe deve se lembrar de que Azinger estava tendo uma das melhores temporadas de sua carreira quando recebeu o diagnóstico de linfoma, mas isso não o incomodou por muito tempo. Após oito meses de batalha contra a doença, ele fez um retorno triunfal ao esporte.

Isso já é uma grande história. Mas ela não acaba aqui. Após retornar ao golfe, Azinger se sentia cada vez mais frustrado com seu jogo e procurou Rotella em busca de ajuda.

Rotella me disse que pediu para Azinger trazer alguns vídeos que o mostravam jogando antes de adoecer. Estavam sentados diante da TV vendo Azinger ganhar torneio após torneio, quando Rotella lhe perguntou: "Em que você pensava quando dava todas aquelas tacadas?".

"Caramba, Bob, eu pensava que era o melhor jogador do mundo e que ia arrebentar", respondeu Azinger.

"E no que você pensa quando joga hoje?"

"Depois do câncer, fico feliz simplesmente pelo fato de estar vivo, de ter a chance de jogar de novo." Esse era o problema. Azinger não pensava como uma pessoa capaz de vencer. Rotella convenceu-o a deixar de se contentar com a sorte e voltar a enfocar o pensamento, a prática e o jogo como fazia quando estava no auge da carreira. A história seguiu seu curso e teve um final muito feliz: Azinger saiu do encontro com Rotella e foi direto participar do Canadian Open, no qual chegou ao segundo lugar. Alguns meses depois, no Havaí, venceu seu primeiro torneio desde a doença. Em vez de apenas se sentir feliz por estar de voltar ao circuito, Rotella fez Azinger pensar e jogar novamente como um vencedor. As duas coisas andam de mãos dadas.

Você tenta não perder ou tenta vencer? Há uma diferença. Rotella afirma que foi comprovado várias vezes que, quando você se enxerga de determinada maneira, seu comportamento muda para se adaptar a essa imagem.

✚ Prepare sua mente para vencer

Nesse aspecto, os negócios e, aliás, a vida não são diferentes do golfe. Você tem de cultivar a expectativa de vencer. Para ter êxito, precisa imaginar onde quer estar e acreditar que pode chegar lá.

Mas como cultivar essa crença? Não é algo fácil de fazer, entretanto, é fundamental. A seguir, descrevo algumas maneiras que podem ajudá-lo a adotar uma atitude mais vencedora.

Avalie as alternativas: Se você tiver dificuldades de se imaginar bem-sucedido, imagine-se fracassando e veja como se sente. Bonnie Hill, que, entre diversos outros feitos, foi diretora do U.S. Office of Consumer Affairs no mandato do presidente Bush pai, analisou atentamente as consequências de fracassar quando, aos 30 anos, com uma filha pequena para sustentar, seu marido sofreu um grave ataque cardíaco.

Na ocasião, ela ocupava um cargo administrativo na universidade de artes liberais Mills College, na Califórnia, e não tinha ensino superior formal. "Passou por minha cabeça que, se eu acabasse como chefe da família, realmente teria de achar um meio de vida melhor para criar minha filha", ela disse, "pois me lembrei do tempo em que minha mãe e eu vivíamos à custa da previdência social, e a última coisa que eu queria era passar por aquilo de novo".

Bonnie não sabia exatamente como obter segurança financeira para a família, mas sabia que não tinha muita escolha. Deu o primeiro passo ao procurar o diretor de admissões da Mills e lhe pedir para estudar na faculdade. Ainda que tivesse de passar pelo SAT [teste de admissão] e que suas notas do ensino médio não fossem tão boas, faria o que fosse necessário para ser aceita. Entretanto, surgiu a questão de como pagar por seus estudos. "Procurei o reitor e disse: 'Quero me tornar aluna, mas não posso pagar a mensalidade. Seria realmente muito bom se o senhor me concedesse uma bolsa'. Ele nunca fora abordado dessa maneira e, tomado de surpresa, concordou."

No entanto, Bonnie não se contentou com isso. As pessoas próximas dela presumiram que cursar a faculdade e manter um emprego de período integral significava que ela levaria dez anos para concluir sua formação. Mas Bonnie achou um caminho mais rápido. Cursou matérias adicionais em duas faculdades comunitárias locais, no período noturno, quatro noites por semana, e os créditos foram transferidos para a Mills, enquanto cuidava da filha pequena e do marido em recuperação. "Eu tinha de achar um meio de ganhar a vida para sustentar minha família e não podia fazer isso sem educação", explicou. Em dois anos e meio, ela se formou.

A trajetória de Bonnie Hill para obter um diploma universitário foi tão incomum que ninguém poderia tê-la traçado de antemão. Sua atitude foi de "eu vou achar um jeito". Ela não tinha (ou não se permitiu) a opção de fracassar, e, no fim das contas, foi isso que lhe garantiu o êxito. Bonnie prosseguiu os estudos até obter um doutorado em educação e, atualmente, é membro de nosso conselho e também principal diretora da Home Depot.

O fracasso sempre deixa sequelas, seja a perda de uma promoção, a perda de respeito dos colegas ou até a perda do emprego. Um pouco de receio pode ser saudável, desde que seja usado para abrir os olhos para o outro lado da questão: isso é o que acontecerá se você perder, mas imagine como será vencer.

Busque inspiração: Certa vez, em Praga, tive o privilégio de conhecer e escutar o alpinista Erik Weihenmayer falar sobre seus feitos na convenção internacional de nossos restaurantes Yum!. Ele tinha escalado os sete picos mais altos dos sete continentes do mundo, uma proeza impressionante por si só, mas outra coisa que você precisa saber sobre Erik é que ele é cego.

Enquanto escutava Erik descrever sua jornada angustiante até o topo do Monte Everest, a 8,8 mil metros de altitude – uma conquista que cerca de 90% dos alpinistas não conseguem realizar – em meio a tempestades de neve, ventos intensos e quedas de milhares de metros de altitude, ocorreu-me que ele era um exemplo incrível de como mobilizar as pessoas. Não resta dúvida de que Erik é um alpinista experiente, mas ele também tinha de confiar em seus colegas de um modo todo próprio. Na montanha, o rapaz na frente dele usava um sino para que Erik pudesse escutar aonde estava indo. Com frequência, os outros membros da equipe gritavam advertências – "queda mortal meio metro à sua direita" e coisas assim – para mantê-lo fora de perigo.

Antes de começar a formar equipes para escalar montanhas, Erik teve de superar um grande obstáculo: tinha de acreditar que era possível. Ele não era cego de nascença; a cegueira avançou gradualmente a partir dos 13 anos e, quando começou, ele disse: "Não pensava na visão; pensava em sobrevivência, em como superar cada dia. A cegueira era como uma tempestade que caiu sobre mim com tanta força, com tanta violência, que achei que seria esmagado por ela. Lembro-me de no refeitório da escola escutar guerras de comida e piadas, e querer participar daquilo. Mas eu não temia ficar cego. Meu medo era que eu fosse deixado de lado, que eu fosse esquecido, que minha vida fosse sem sentido".

O que mudou a situação de Erik foi um pouco de inspiração que encontrou em um lugar bem improvável: um programa de televisão intitulado *That's incredible* [Isso é incrível], transmitido na década de 1980. Inicialmente, ele ainda enxergava um pouco com um olho e, se chegasse bem perto do aparelho, podia assistir TV. Certa noite, o programa apresentou Terry Fox,

> *Se você não tiver a intenção de obter êxito, é melhor ir fazer outra coisa. É uma força interior, e, por uma casualidade, tive um exemplo incrível disso, primeiro com meu pai e depois com minha mãe. Porque quando meu pai veio para os Estados Unidos, aos 15 anos, de navio, com menos de US$ 10 no bolso, se ele não cultivasse a intenção de ter sucesso, acho que não estaríamos aqui. E quando ele faleceu, em 1960, minha mãe tinha 38 anos e seis filhos. Ela nunca havia trabalhado e era muito jovem. Mesmo assim, simplesmente se sentou naquela mesa, começou a trabalhar e foi capaz de sustentar a família, além de manter um negócio. Só espero conseguir demonstrar um décimo da intencionalidade que eles tiveram.*
>
> – Massimo Ferragamo, presidente do conselho de administração da Ferragamo

> *Nossa região tem muitas guerras, problemas e conflitos. E, se você disser para alguém de um mercado estável, como os Estados Unidos ou o Japão, que venha trabalhar no Oriente Médio, a pessoa vai dizer: "Por quê? É muito arriscado!". Mas enxergamos esse risco como uma oportunidade. É por isso que investimos no Oriente Médio e vamos continuar investindo hoje e amanhã.*
>
> – Moataz Al-Alfi, CEO da Kuwait Food

um canadense que tinha perdido uma perna por causa do câncer. Como Erik relembra: "A maioria das pessoas naquela situação teria se entrincheirado e se concentrado na sobrevivência. Terry fez exatamente o contrário. Ele ainda estava no hospital quando decidiu que atravessaria o Canadá a pé, de leste a oeste. Lembro-me dele avançando com dificuldade, quilômetro após quilômetro, usando uma prótese do modelo antigo. A distância cobrava um alto preço de seu corpo, e a expressão de Terry era paradoxal: de total exaustão, mas, ao mesmo tempo, de total euforia". O desejo de vencer transparecia em toda sua expressão. O interessante sobre a inspiração é que ela pode crescer rapidamente como uma bola de neve. Terry inspirou Erik, que, por sua vez, começou a fazer coisas incríveis e, ao falar delas, me inspirou. Sempre que estou em um estado de espírito negativo, achando que não consigo fazer algo, simplesmente olho ao redor. Podemos achar histórias de sucesso inspiradoras em todos os lugares. E se algumas pessoas podem se sair bem, por que você não poderia também?

✚ Leve sua crença a sério

Provavelmente, suas circunstâncias não são tão terríveis quanto as de Bonnie Hill, após o marido sofrer um infarto, ou as de Erik Weihenmayer, quando perdeu a visão, mas todos nós podemos reconhecer sua força de vontade para ter êxito. Se você realmente se importar com algo e quiser ver sua realização, também precisará ter determinação. E terá de comunicá-la aos outros, informando-lhes que está apostando no sucesso de seu Grande Objetivo. Certa vez, meu amigo Bob Walter, ex-presidente do conselho de administração e ex-CEO da Cardinal Health, contou-me uma história sobre o conquistador Hernán Cortés. Afirma-se que, quando desembarcou na América do Sul com a intenção de conquistar a região, Cortés queimou seus navios para que nem ele nem seus homens pudessem voltar à Espanha. Ali estava um homem que levava sua missão a sério.

Você tem de se perguntar: O que preciso fazer para mostrar às pessoas minha vontade de ter êxito? O que tenho de fazer para inspirá-las com a mesma crença de que é possível? Ninguém seguia Bisonho. Lembra-se do asno de *O ursinho Pooh*, que sempre achava que choveria? Imagine-o tentando convencer as pessoas, fazendo-as acreditar que podiam escalar uma montanha.

As pessoas querem seguir líderes que acreditam que são capazes de realizar grandes projetos e que despertam essa mesma crença nos outros. Para ser esse tipo de líder, você tem de escolher uma atitude mental confiante.

Verificação da atitude mental

"Eu posso tentar."

versus

"Nós podemos fazer isso!"

✚ Comunique sua crença... e alto!

Kedibone Malatji tem uma franquia da KFC na África do Sul. Como dona de uma pequena empresa, faz o que todo microempresário faz todos os dias para manter o crescimento de seu negócio e o envolvimento de seus funcionários. Mas ela tem a capacidade de projetar uma incrível imagem de energia positiva sobre cada membro de sua equipe de 45 pessoas. Na África do Sul, cantar faz parte da cultura, por isso vários restaurantes de nossa rede no país possuem canções compostas para celebrar os princípios da empresa de bom atendimento ao cliente. É uma coisa maravilhosa, mas ainda mais maravilhoso foi o que testemunhei em visita ao restaurante de Malatji: ela e sua equipe terminavam de cantar com uma aclamação. A equipe cantava para Malatji: "Nós acreditamos em você!", que respondia: "Eu acredito em vocês!" Vi isso com meus próprios olhos. Acredite quando digo que eles não faziam isso só porque a chefe mandou. Pude sentir a paixão deles enquanto cantavam, até lágrimas literalmente rolarem em suas faces.

> *É fácil ter confiança aos 74 anos, pois a vida é o que é e ela tem sido boa, mas o importante é ter fé em si mesmo e naquilo que estiver tentando realizar. E acho que, se você fizer isso e conseguir algum sucesso, de repente, um dia, dirá: eu posso fazer isso, eu posso fazer isso, eu posso fazer isso. Tenho uma crença inabalável de que fui inspirado por muitas pessoas, que me ensinaram a acreditar que eu era capaz de fazer muito mais do que achava que conseguiria.*
>
> – Ken Langone, cofundador da Home Depot

Nunca vi um exemplo mais evidente do poder da crença. Todos queremos que alguém acredite em nós; todos queremos acreditar que temos a oportunidade de tornar nosso cantinho no mundo um pouco maior ou um pouco melhor. Se você não acha que a crença é importante, pense nisto: a equipe de Malatji ganhou quase todos os prêmios possíveis de melhor empresa, e o negócio foi tão bem-sucedido que ela pretende abrir cinco novos restaurantes só neste ano.

✚ Saiba por que você acredita

Se seu objetivo surgir do nada, será difícil acreditar nele. Essa noção leva em conta tudo o que falamos até aqui sobre a atitude mental em liderança. Você precisa ter: um quadro realista de quem é e do que é capaz (Capítulo 2), uma boa noção do conhecimento necessário para alcançar seu objetivo (Capítulo 3) e fé nas pessoas que o ajudarão a alcançar seu objetivo (Capítulo 4). Se desenvolver tudo isso, você alcançará uma posição confortável para acreditar que é possível. Na próxima parte, falaremos sobre como começar a concretizar esse objetivo.

✚ Insights e ações

AUTORREFLEXÃO

Avalie-se em relação aos seguintes itens abordados no Capítulo 5 – "Você tem de acreditar que é possível"	**Oportunidade de melhoria**	**Ponto forte**
1. Transmito autoconfiança em minhas interações com os outros.		
2. Diante de um desafio, adoto uma atitude confiante e uma perspectiva de solução de problemas.		
3. Considero os reveses como oportunidades de aprendizagem, ciente de que ajudarão meu sucesso no futuro.		
4. Escolho uma atitude mental poderosa quando os planos saem do rumo; em seguida, foco no retorno ao rumo certo.		
5. Mantenho meus valores pessoais e organizacionais em equilíbrio mesmo diante de reveses.		
6. Demonstro claramente que acredito em todas as pessoas de minha equipe.		

EXERCÍCIO

Quando você pensa em seu Grande Objetivo, quais são as cinco crenças que lhe dão a intencionalidade de alcançá-lo? Por exemplo, um gerente de marketing que pretendia propor uma nova e ousada campanha para aumentar a participação no mercado sugeriu estas crenças: (1) Minha equipe possui mentes criativas; (2) Eles querem fazer um bom trabalho; (3) Eles são capazes de ter grandes ideias; (4) Os clientes corresponderão, se nos comunicarmos com eles da maneira correta; e (5) Oferecemos um produto superior.

1.
2.
3.
4.
5.

✚ Download de aprendizagem da Parte I: Atitude mental de liderança

- *Ser você mesmo* é a melhor maneira de manifestar o tipo de integridade de que um líder precisa para fazer com que as pessoas o sigam.
- *Ser um aprendiz ávido* significa priorizar o conhecimento e as ideias em detrimento do ego. Dessa maneira, você ficará mais receptivo a escutar e respeitar as ideias dos outros, deixando as pessoas mais dispostas a apresentar-lhe boas ideias.
- *Você libera o poder das pessoas* ao acreditar nelas, em suas boas intenções, em suas capacidades de ter êxito. Se você não começar com essa crença, as pessoas não o seguirão por muito tempo.
- *Você tem de acreditar* em sua própria capacidade de realizar grandes projetos. Ninguém nunca realizou muita coisa começando com uma atitude do tipo "talvez dê certo".

- Na Parte I, as lições de todos os capítulos não se aplicam somente a você. Como líder, é importante estimular aqueles que você lidera a também adotar atitudes mentais mais poderosas. *Todos* os membros de sua equipe devem se esforçar no sentido de dar o melhor de si, de se tornar aprendizes ávidos, de desenvolver o potencial daqueles a seu redor e de acreditar no potencial de realização de toda a equipe. Essa é a melhor maneira de todos alcançarem seus objetivos.

Esse resumo pretende lembrá-lo de como as lições da Parte I serão úteis para motivar as pessoas. Para refletir mais sobre essas lições e colocá-las em prática, revise suas respostas às perguntas dos Exercícios e das Autorreflexões no fim de cada capítulo. Depois, responda às questões a seguir, que o ajudarão a determinar onde você precisa concentrar seus esforços ao máximo enquanto desenvolve suas habilidades de liderança.

- O que mais o surpreendeu durante a leitura dos capítulos da Parte I – "Tenha a atitude mental correta"?
- Entre os itens que o surpreenderam, cite dois ou três que, se fossem desenvolvidos, teriam o maior impacto sobre seu Grande Objetivo.
- O que você começará a fazer de maneira diferente amanhã como resultado do que aprendeu na Parte I?

Ninguém falou que motivar as pessoas seria simples. As histórias a seguir são de pessoas que participaram de meu curso de liderança e tiveram dificuldade para maximizar seus potenciais em áreas específicas. Todos possuem seu próprio conjunto de forças e fraquezas. Quanto mais você entender quais são as suas, mais chances terá de aprimorar seus pontos fortes e compensar os fracos. Espero que você se inspire com a maneira pela qual Robert e Joanna lidaram com suas dificuldades.

ROBERT SOBRE "MOSTRAR O MELHOR DE SI"

Considero-me introvertido, por isso ser espontâneo diante de um grupo sempre foi difícil para mim. No entanto, ao ouvir o feedback sobre minhas habilidades de liderança de pessoas tanto acima como abaixo de mim na hierarquia, notei uma crítica comum: elas queriam que eu fosse mais aberto com elas, que eu expressasse mais o que pensava e sentia. Antes de escutar isso, achava que falar sobre meus sentimentos em uma situação profissional não era, na melhor das hipóteses, muito pertinente, e poderia até mesmo soar autocomplacente. No entanto, quando chegou o momento de avaliar minhas habilidades nessa área, não pude ignorar o que ouvira.

Tive de me forçar a ser mais aberto e expansivo com as pessoas. Mas percebi quanto é importante para uma organização se conectar com sua liderança e como é difícil fazer isso a menos que ela compreenda os valores que orientam seus líderes.

JOANNA SOBRE "LIBERAR O PODER DAS PESSOAS"

Como líder de equipe, eu devia fazer reuniões com cada membro de minha equipe para avaliação de desempenho e relatório de acompanhamento. Percebi que, após agendar essas reuniões, surgiam situações que atraíam minha atenção para outros assuntos. Assim, eu as cancelava para lidar com o que era mais premente. O problema era que eu sempre disse a meu pessoal que eles eram minha prioridade. Mas como eles poderiam acreditar nisso, se eu continuasse cancelando ou postergando essas reuniões? Realmente, eu tinha de analisar com atenção o que fazia, reconhecer a mensagem que enviava, mesmo que sem intenção, e trabalhar para ajustar minhas ações de modo a compatibilizá-las com as prioridades que havia estabelecido. Tinha de descobrir como mudar, sem deixar que os estresses cotidianos me impedissem de ser o tipo de líder que eu queria ser.

parte dois

TENHA UM PLANO

Estratégia, estrutura, cultura

Nesta seção, passarei da ideia para a ação. Agora, creio que você esteja dotado da atitude mental certa para alcançar os Grandes Objetivos, mas o que fazer para torná-los realidade? Sem dúvida, é preciso um plano para motivar as pessoas.

Certa vez, meu amigo Larry Senn compartilhou comigo um modelo simples da Senn Delaney para o desenvolvimento de um plano, o qual utilizo frequentemente. Ele possui três partes básicas, que, embora se reforcem mutuamente, precisam ser examinadas na ordem em que são apresentadas:

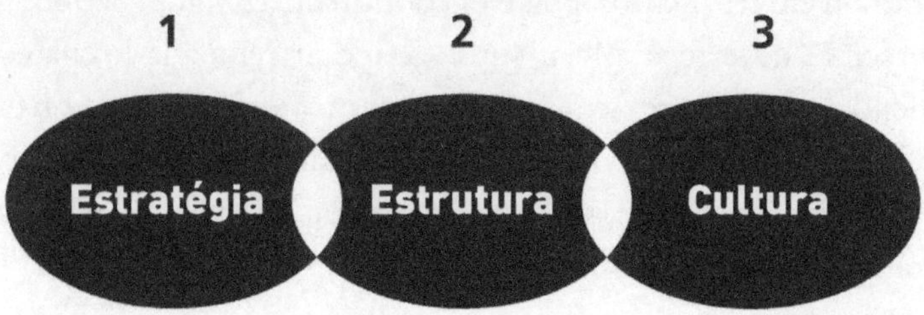

Gráfico cortesia de: senn delaney

1. Estratégia: Com sua equipe, você precisa identificar claramente aonde se vai e o que deve ser feito.
2. Estrutura: Você deve reforçar sua estratégia disponibilizando os recursos e os processos adequados para que seu pessoal possa contribuir com a execução de seu plano.

3. Cultura: Você tem de criar um ambiente que reforce a estratégia e a estrutura, envolvendo seu pessoal e estimulando os comportamentos desejáveis.

Este livro não trata de como desenvolver uma estratégia de negócios, mas existem muitos outros que mostram como determinar que ações realizar para atender a objetivos empresariais específicos. Em vez disso, a Parte II abordará como motivar as pessoas em cada aspecto de seu plano.

Os três primeiros capítulos desta seção têm a ver com a primeira parte – a Estratégia – e neles mostraremos como assegurar que você tenha uma estratégia capaz de inspirar seu pessoal. O Capítulo 9 aborda a segunda parte, isto é, a Estrutura de que seu pessoal precisa para apoiar sua estratégia. Por fim, o Capítulo 10 lida com o aspecto de seu plano que trata da Cultura.

Na Yum!, utilizamos esse modelo para todo tipo de programa de mudança, de grande ou pequeno porte, desde a cisão da PepsiCo. No entanto, trata-se de uma fórmula enganosamente simples. Sempre se deve levar em conta quão interconectada ela é. Basta pular uma etapa ou segui-las na sequência errada para deixar de ter um plano completo. Como Matt Killen, garoto prodígio de 26 anos, técnico de golfe de Kenny Perry, Chad Champbell e J. B. Holmes, disse-me: "Não é bom usar band-aid em ferimentos, pois eles continuam a sangrar. Se você tem um problema, deve repará-lo direito. Se tentar remendá-lo, parecerá um remendo". Lembre-se: sempre há a tentação, especialmente quando se percebem melhorias nos resultados, de pular etapas do plano. Não dê um passo maior do que a perna. Se seu plano for eficaz, um plano que dará certo no longo prazo, desenvolva cada etapa. Salte uma delas e pagará caro por isso.

Isso ficou muito claro para mim quando trabalhava na PepsiCo no período em que o negócio precisava de transformação. Historicamente, a Pepsi lucrara vendendo concentrados de xarope, ou seja, o componente básico da Pepsi, da Mountain Dew e de suas outras marcas de bebida. A empresa vendia concentrados para franqueados independentes, que investiam em fábricas e depósitos, manufaturavam os produtos e ganhavam dinheiro vendendo as marcas acabadas para os clientes, ou seja, os negócios que estocavam produtos da Pepsi nos supermercados e nas lojas de conveniência do mundo. No entanto, no fim da década de 1980, isso começou a mudar. Redes norte-americanas importantes, como Walmart e Costco, ficavam cada vez mais poderosas e queriam negociar com um único ponto de contato em vez das inúmeras franquias de engarrafadores locais. Dados o tamanho e a crescente importância dessa emergente base de clientes, a PepsiCo tomou a decisão de consolidar sua rede de engarrafadores. A empresa começou a comprar diversos deles, até assumir o controle de 65% do sistema. Pela primeira vez, tivemos de descobrir como engarrafar nossos produtos e negociar com os clientes em uma escala muito grande. Em pouco tempo, ficou bem evidente que não éramos muito bons naquilo. Tínhamos investido uma fortuna, mas estávamos obtendo retornos insuficientes.

Craig Weatherup, presidente da PepsiCo, percebeu corretamente que isso significava uma transformação na organização. A Pepsi precisava aprender a ter mais foco no cliente e, ao mesmo tempo, ganhar dinheiro. Com a ajuda de consultores, chegamos ao conceito de uma empresa Right Side Up [com o lado certo para cima], conceito esse que foi ilustrado por uma pirâmide invertida. A ideia era que a linha de frente ficasse no topo da pirâmide, pois, naquele momento, eram eles que tinham contato com os clientes. A administração ficou na base da pirâmide, pois era quem devia atender e apoiar o pessoal da linha de frente.

Weatherup é um sujeito muito inteligente e apoiava esse conceito com entusiasmo. Tínhamos reuniões com unidades de engarrafamento por todo o país, para apresentar a novidade: a cultura Right Side Up, que definia o caminho a seguir da PepsiCo. Não era um mau conceito – o problema é que era incompleto. Os engarrafadores estavam todos de acordo, mas tinham preocupações práticas: Queremos colocar os clientes em primeiro lugar e deixá-los satisfeitos, mas o que isso significa? O que exatamente os clientes querem de nós? Como vamos lhes oferecer isso?

Os engarrafadores tinham razão. No afã de redefinir a empresa, a administração havia ignorado duas etapas fundamentais, isto é, Estratégia e Estrutura, concentrando-se principalmente na Cultura. Por causa disso, tivemos de voltar para casa e recomeçar desde o início.

Não rejeitamos a ideia da empresa Right Side Up. Em vez disso, definimos melhor o que isso significava. Deixamos de ser uma empresa de refrigerantes gasosos e passamos a ser uma "empresa de bebidas completa" (Estratégia), o que significava a oferta de maior variedade de produtos para nossos clientes, como água mineral e chás gelados, além de refrigerantes. Isso exigiu, porém, que remodelássemos alguns de nossos processos para que, por exemplo, os caminhões de entrega carregassem mais do que somente refrigerantes, adicionando produtos como Aquafina, chás Lipton e sucos Ocean Spray (Estrutura). Só depois de adotarmos a estratégia e a estrutura corretas, a cultura com foco no cliente realmente veio à tona. O resultado foi um desempenho substancialmente melhor.

Confio que seguir o modelo "Estratégia, Estrutura e Cultura" na ordem correta também surtirá efeito para você, ao perseguir seu Grande Objetivo.

6 Estratégia: Mostre a realidade como ela é... e como poderia ser

Meu mentor, Andy Pearson, era mestre em estabelecer a verdade em seu negócio. Quando era presidente do conselho de administração de nossa empresa, havia algo que ele costumava repetir como um lema: "Veja o mundo do jeito que ele realmente é, e não como você gostaria que fosse".

Andy era um dos líderes mais realistas que já conheci. Ele tinha o dom de chegar rapidamente ao cerne de qualquer questão e nunca media as palavras. Lembro-me de uma das primeiras reuniões de negócios que tivemos na Yum!. Um alto executivo apresentou um gráfico com uma grande seta apontando para cima, a fim de mostrar que o retorno sobre o capital investido tinha passado de 3% para 5%. A realidade era que o gráfico de barras parecia muito mais impressionante do que os resultados reais, que estavam, na verdade, bem abaixo do custo de capital. Andy, que evidentemente não tinha nascido ontem, olhou para o executivo e disse com toda sua franqueza: "Escute, amigo, quero que você saiba que esta é a última vez nesta empresa que vamos celebrar a mediocridade".

Para começar a trabalhar rumo a um objetivo, primeiro é preciso definir a realidade para você e sua equipe. Muitas pessoas tendem a "dourar a pílula", mas isso não ajuda a melhorar o desempenho. Andy podia se orgulhar de sua rispidez (certa vez, a revista *Fortune* o elegeu um dos "dez chefes mais duros do mundo", uma designação que o enchia de tanto orgulho que até enquadrou a capa da revista para pendurá-la em seu escritório), mas ele não dizia o que dizia só para ser negativo. Seu objetivo era contextualizar os fatos – sem dúvida, um salto de dois pontos percentuais é melhor do que uma perda, mas era mais algo do tipo "melhor isso do que nada" do que exatamente uma realização de que se vangloriar.

Essa é a função primoridal de qualquer líder. No mundo dos negócios, tendemos a ser bombardeados por muitos fatos e números, mas o que eles significam realmente? Cabe ao líder criar o contexto e apresentar a história por trás desses dados. Estamos dois pontos percentuais melhores do que no último ano? Sim. Mas isso significa que nosso desempenho é bom? Estamos superando a concorrência? Podemos fazer melhor? O que deveríamos visar? Mostrar a realidade dos fatos significa mais do que simplesmente apresentá-los; significa mostrar o que representam – e o que podem representar no futuro – para nosso negócio ou para qualquer tarefa em execução.

Acho que definir a realidade é relativamente fácil em situações nas quais se tem problemas, pois acredito que, na maior parte do tempo, esses problemas são evidentes para a organização. De fato, é libertador para a organização que o líder defina a realidade, pois muitas vezes as pessoas acham que esses assuntos são tabus, que não podemos falar sobre eles. O mais difícil é quando um negócio está obtendo sucesso. Em um ambiente assim, é muito fácil as pessoas ficarem complacentes. O importante, porém, é definir a realidade nessa situação, pois todos os tipos de estudo demonstraram que as empresas mais bem-sucedidas são aquelas que se reinventam mesmo quando apresentam um bom desempenho.

– Graham Allan, CEO da Yum! Restaurants-International

✚ Realidade *expandida*

Sua estratégia começa com todos falando a mesma língua, mas não se pode parar aí. Você não pode dizer às pessoas quanto a situação está ruim e, depois, abandoná-las. Nem é o caso de dizer-lhes quanto a situação está boa e, depois, largá-las à própria sorte. É preciso definir a realidade e mostrar às pessoas aonde ela pode levá-las. Nesse caso, definir a realidade e criar esperança andam de mãos dadas. Como Napoleão Bonaparte afirmou: "Um líder é um negociante de esperanças". Ou, nas palavras de uma figura menos polêmica, o falecido autor e filósofo Sydney Banks: "Nunca se esqueça de que a esperança é um aliado muito importante que opera milagres".

Criar esperança significa mostrar às pessoas aonde os fatos que enfrentam podem levá-las. Se as coisas estão ruins, elas precisam entender isso, mas também precisam saber que tudo pode melhorar. Por outro lado, se as coisas estão bem, as pessoas também precisam entender isso e ser parabenizadas por sua parte no sucesso. Em seguida, elas devem ser lembradas de que há muito trabalho pela frente para manter o rumo certo.

Se necessário, talvez você também tenha de dar às pessoas motivos para caminhar rumo à realidade promissora que lhes foi mostrada, estabelecendo urgência ou "criando uma plataforma em chamas". Na realidade, as pessoas só mudam quando forçadas à mudança. Sem dúvida, se elas estiverem em uma plataforma em chamas, ficarão muito motivadas a pular. Quando seu negócio não está indo bem, você já tem uma plataforma em chamas. Mas, se seu negócio estiver indo bem, será preciso criar uma razão totalmente diferente para motivá-las a elevar o padrão.

✚ O que é "realidade"?

No Capítulo 2, pedi-lhe que se analisasse em detalhes: quais são seus valores, quais são suas forças e fraquezas, como as pessoas o percebem e como você se percebe. Chegou o momento de fazer a mesma coisa em relação a seu negócio. Adote o mesmo olhar analítico para examiná-lo com brutal honestidade.

Mas o que significa exatamente "realidade"? Uma das melhores maneiras de abordar isso é procurar por insights em quatro áreas-chave:

1. *Realidade do cliente*: Nada deve motivá-lo mais do que aquilo que seu cliente lhe diz. Pode-se descobrir o que seus clientes pensam por meio de métodos formais, como pesquisas de satisfação, grupos de discussão ou estudos de detecção de problemas. No entanto, também é recomendável utilizar alguns métodos informais. Converse diretamente com os clientes sempre que possível. Esforce-se para ver o que eles veem. Se você estiver no setor de varejo, visite suas lojas sem aviso prévio, para que possa observar in loco o comportamento de seus clientes. Se estiver no ramo de manufatura, leve seus produtos para casa e experimente-os. Se for gerente de uma central de atendimento, passe algum tempo atendendo telefonemas.

Uma das melhores táticas que utilizei para ajudar minha equipe a entender o cliente foi criar uma experiência compartilhada, saindo em

> *Naquele momento, enfrentávamos um obstáculo muito grande na Pizza Hut, pois a recessão econômica evidenciava o fato de que praticávamos preços elevados, que as pessoas não podiam pagar. Isso foi muito fácil de explicar. Em nossa conferência de negócios do outono, eu disse a todos os nossos principais operadores e franqueados: "Sei que todos têm sua própria teoria sobre por que nossas vendas não vão bem. Escutem os clientes. Eles estão lhes dizendo, em uma linguagem muito simples, que somos muito caros. Então, temos de fazer algo sobre isso". A perspectiva do mercado, com os clientes dizendo "vocês são muito caros", realmente atingiu o alvo. Nossos operadores e franqueados voltaram para casa e tomaram uma atitude em relação aos preços. Atualmente, temos a melhor percepção de valor em nossa categoria.*
>
> – Scott Bergren, CEO do Pizza Hut

> *Uma das primeiras coisas que fiz foi perguntar aos líderes: Como você acha que está se saindo em relação à concorrência? A primeira coisa que se quer dos líderes é que reconheçam a verdade, toda a verdade e nada além da verdade. Um monte deles dá desculpas, mas literalmente, e eu realmente não estou brincando, nossas margens eram metade das de nossa concorrência. Eu queria que as pessoas reconhecessem que nosso desempenho era terrível. E, analisando em profundidade, era terrível por filial, em despesas, por produto. Era terrível em todos esses diferentes níveis. Para mim, antes de mais nada era necessário reconhecer isso.*
>
> – Jamie Dimon, presidente do conselho de administração e CEO do JPMorgan Chase, definindo a realidade ao ingressar no banco após presidir o Bank One

grupo para fazer visitas a nossos restaurantes. Cheguei a organizar excursões de ônibus com clientes e membros da equipe juntos, para visitar lojas e, em seguida, compartilhar nossas ideias a respeito da experiência. É um modo incrível de reunir os membros da equipe e colocar todos a par do que acontece no negócio.

2. *Realidade da equipe*: Formule perguntas para os membros da equipe: O que está funcionando? O que não está funcionando? O que vocês fariam, se estivessem em meu lugar? Certa vez, alguém me disse que a maneira mais poderosa de motivar as pessoas é escutá-las. Concordo plenamente. Na realidade, creio que "o que você acha?" é a pergunta mais poderosa que se pode usar para envolver as pessoas.

No entanto, você tem de se lembrar de que, quando faz perguntas desse tipo a seus funcionários, sua posição de líder pode fazê-lo parecer intimidador. É importante ser o mais acessível possível, para que todos se sintam à vontade em lhe falar a verdade. Aborde as pessoas de igual para igual, como se fosse uma delas, pois você é. Um dos melhores conselhos que já recebi veio de

Jack Byrum, o consultor de imagem de Dallas com quem trabalhei no início de minha carreira: "Não olhe para cima, não olhe para baixo. Sempre olhe para a frente quando se relacionar com as pessoas".

Outro método para chegar à verdadeira realidade de sua equipe é estimular o debate saudável. Larry Bossidy, autor de livros de negócios e ex-vice-presidente do conselho de administração e CEO da Allied Signal, fala sobre a importância de valorizar a "verdade em detrimento da harmonia"; ou seja, é mais importante fomentar uma atmosfera em que todos colocam as cartas sobre a mesa do que outra em que todos concordam.

3. *Realidade competitiva*: Conheça seu inimigo e veja como medir forças com ele. Você tem de ficar sempre atento ao desempenho de seus concorrentes. Em meu setor, por exemplo, após os dez primeiros anos, quadruplicamos o valor de nossas ações. Foi um feito real, mas não era toda a história. Expandimos nosso negócio e abrimos novas lojas, mas, como mencionei anteriormente, o McDonald's apresentava um desempenho melhor em crescimento de vendas nos restaurantes existentes. Sem dúvida, ainda tínhamos muito trabalho a fazer e isso nos deu um objetivo (superar o McDonald's) e um foco (aumentar as vendas nos restaurantes existentes).
4. *Realidade financeira*: Essa é muito óbvia, mas você tem de conhecer os números e compará-los com o desempenho passado e também com o que é possível para o futuro. Não há nada mais ponderado do que fatos nus e crus de sua posição, em comparação com seus colegas e em relação a seus concorrentes. Eis por que todos os negócios bem-sucedidos que conheço classificam de alto a baixo os resultados financeiros de seu pessoal e suas unidades de negócios. O melhor desempenho mostra o que é possível; o pior desempenho impõe o tipo certo de pressão sobre o orgulho e os instintos de sobrevivência necessários para melhorar. Cada negócio, cada empreendimento, cada projeto requer um conjunto de indicadores financeiros, se o dinheiro faz parte da equação – e, em geral, faz.

✚ Planilha da realidade

Utilize as explicações apresentadas até aqui como exemplos e, então, defina a realidade de sua situação conforme ela se aplica a seu Grande Objetivo. Qual é sua realidade em cada uma destas quatro áreas-chave?

1. Realidade do cliente

2. Realidade da equipe

3. Realidade competitiva

4. Realidade financeira

Ferramenta: "PROFISSIONAL BEM-SUCEDIDO ME SUBSTITUI"

É uma de minhas ferramentas favoritas, pois gosto de meu emprego e quero mantê-lo. Imagine que amanhã você seja substituído por um profissional bem-sucedido. O objetivo dessa pessoa será realizar um trabalho muito melhor do que o seu. Ela começará mostrando todos os seus defeitos e oportunidades perdidas. Em seguida, demonstrará como fará para ter um desempenho superior ao seu.

Agora, pense no que essa pessoa diria, sinta uma insatisfação saudável com seu desempenho e procure conseguir resultados extraordinários imediatamente.

Como utilizar esta ferramenta

Para ajudá-lo a perceber seu negócio e seu desempenho de maneira realista, faça as seguintes perguntas:

- Que defeitos e oportunidades perdidas um profissional bem-sucedido poderia descobrir a seu respeito, se quisesse mostrar como seu desempenho era ruim?
- O que um profissional bem-sucedido faria para mostrar o quanto é melhor do que você?
- Quais realidades um profissional bem-sucedido apontaria que você ignorou?

Agora, defina um plano para que você realize o que um profissional bem-sucedido faria. Ataque o negócio inacabado!

✚ Criar esperança

Parte do que você procura ao coletar dados de seus quatro tipos de realidade não é apenas um quadro de onde sua empresa está hoje; você também procura provas de que o objetivo que tenta alcançar e que o futuro que imagina são possíveis. Se, por exemplo, sua empresa estiver em posição de precisar de uma grande e rápida reviravolta, você terá de achar evidências que silenciem aqueles que não acreditam que isso seja possível. Você não quer que seu pessoal sinta que tem de segui-lo com fé cega. Em vez disso, quer dar a seu pessoal o máximo de base para mostrar que pode ser feito.

Essa evidência pode assumir diferentes formas. Expor seu plano tático é fundamental para dar às pessoas confiança em seus métodos (mais detalhes a esse respeito nos próximos capítulos). Você deve comprovar que os passos dados estão funcionando e continuar fazendo isso enquanto avança. Também procure exemplos de outros que tiveram sucessos similares. Em 2000, quando eu assistia ao campeonato nacional de futebol americano Orange Bowl, fiquei realmente impressionado ao ver que Bob Stoops, técnico do time de Oklahoma, encheu as linhas laterais com ex-jogadores do passado. Isso deu esperança e confiança a seu time, conduzindo-o à vitória.

Você precisa ter esperança. Se perceber que a está perdendo, deverá procurar maneiras de recuperá-la para si mesmo e sua equipe. Ter esperança nem sempre foi fácil quando a Yum! Brands foi desmembrada da PepsiCo. Esta era, e ainda é, uma empresa de sucesso, muito respeitada, com a qual todos nós tínhamos nos comprometido. Então, um dia acordamos e descobrimos que decidiram desmembrar nossas marcas porque éramos um estorvo para seus lucros. Isso indicou para a maioria das pessoas que os líderes da PepsiCo não tinham muita fé na capacidade de nossas marcas serem rentáveis. Se tivessem, por que se livrariam de nós? Foi um começo ambíguo para uma nova empresa.

Na época, John Weinberg, o falecido e verdadeiramente grande ex-presidente do conselho de administração da Goldman Sachs, fazia parte de nossa diretoria. Certo dia, ele disse que queria compartilhar algo comigo e me mostrou uma folha de papel que listava as dez características que a Goldman Sachs havia identificado em empresas de alta qualidade. Analisamos aquilo juntos e constatamos que nossa nova empresa atendia a todas as características, exceto duas: não tínhamos um histórico de crescimento, obviamente porque acabávamos de começar, e não tínhamos um balanço patrimonial sólido porque nossa cisão da PepsiCo viera com muitas dívidas. No entanto, sabíamos que, com o tempo, podíamos reparar essas lacunas. Aquilo me deu esperança, por isso compartilhei a lista com todos os membros de minha equipe para também lhes dar esperança, utilizando dados para mostrar como cumpríamos a maioria das características. Isso nos ajudou a acreditar que tínhamos uma oportunidade *realista* de ser uma empresa de alto desempenho no futuro. E esse era o tipo de esperança de que precisávamos.

Dez características de uma empresa de alto desempenho segundo a Goldman Sachs

1. Produto ou serviço de alta qualidade e vantagem competitiva sustentável.
2. Gestão superior, com propósito declarado de agir no interesse dos acionistas.
3. Taxa composta de crescimento de receita de 10% a 12% ao longo dos últimos dez anos.
4. Consistência/previsibilidade/qualidade dos lucros divulgados.
5. Crescimento projetado da capacidade de gerar lucro de, no mínimo, 10% ao longo de três anos.
6. Balanço patrimonial sólido.
7. Alta lucratividade.
8. Geração de fluxo de caixa livre.
9. Competitividade internacional.
10. Preço de compra razoável.

✚ Falar não é vender

Falar para alguém fazer alguma coisa não é a melhor maneira de conseguir que algo seja feito. As pessoas, de modo geral, gostam de descobrir suas próprias soluções para os problemas. Pense em sua própria reação: você não se sente mais dono de ideias, ações ou conclusões a que chegou por conta própria do que com alguma coisa que lhe mandaram fazer? O fato é que falar "eu disse; então, faça" ou "eu fiz; então faça" não motiva nem inspira aqueles que você precisa mobilizar.

Você tem de acreditar que produzirá as melhores soluções ao envolver os outros. Em outras palavras, é sua função definir a realidade com um apelo emocional que crie um indício claro de mudança e esperança para o futuro, mas leve em conta que as pessoas são mais receptivas quando chegam a conclusões por conta própria. Compartilhe as quatro categorias de realidade com sua equipe e pergunte-lhe o que fará com base nisso.

Isso requer confiança, pois representa uma real ruptura em relação aos estilos de liderança autoritários do passado, em que o líder dizia o que fazer e as pessoas obedeciam. Esse estilo não funciona muito bem no atual mundo dos negócios. Você não pode simplesmente dizer para as pessoas beberem água. É melhor que elas decidam por si mesmas que *querem* beber água.

Anteriormente neste capítulo, incluí uma citação de Scott Bergren, CEO da Pizza Hut, que utilizou a realidade do cliente para convencer os franqueados de sua rede de que era necessário alterar seus preços. Tratava-se de uma grande mudança no modo de pensar dos franqueados. No entanto, quando os clientes foram consultados sobre o motivo de sua insatisfação com a Pizza Hut, 51% citaram o preço/valor. Eles também listaram diversos lugares onde acreditavam que conseguiam melhor relação custo/benefício, citando o McDonald's, a Subway, as pizzas congeladas de marcas conhecidas encontradas em supermercados e as pizzarias de bairro. Entretanto, Scott não disse aos franqueados o que fazer a respeito daquele problema. Ele apresentou os fatos, fez uma defesa instigante em favor da mudança e perguntou: O que vamos fazer sobre nosso problema de preços?

Cerca de 80% dos franqueados da Pizza Hut ajustaram seus preços sem ninguém lhes dizer o que fazer. Um deles até criou uma nova e concorrida promoção: a "$10 Pizza Any Way You Want It", que permite aos clientes escolherem uma pizza grande com a massa de sua preferência e o máximo de coberturas que quiserem (incluindo as opções especiais) por um preço fixo baixo.

Nenhuma situação nos negócios, quando realmente se pensa a respeito, é irreversível. Enquanto estiver respirando e conseguir se levantar de manhã, você terá uma chance.

– Dave Dorman, presidente do conselho de administração da Motorola

✚ Identifique constantemente o negócio inacabado

Parte da definição da realidade para os membros de sua equipe consiste em identificar o trabalho que eles ainda têm de fazer para chegar aonde querem. É nesse ponto que o líder ajuda a decifrar a realidade da situação corrente, enquadrando-a nos termos destas perguntas: E agora? Aonde vamos a partir daqui? Qual é nosso negócio inacabado?

Se você não fizer essas perguntas para si mesmo e sua equipe, poderá colher algumas grandes surpresas. Quando os celulares surgiram, a Motorola estava entre os líderes mundiais, com a venda recorde do modelo Razr, mas as coisas desandaram. Dave Dorman, atual presidente do conselho de administração da Motorola, me explicou a situação da seguinte maneira: "Foram vendidos 200 milhões de aparelhos Razr. Provavelmente, isso representa cerca de dez vezes mais do que a quantidade vendida de iPods. Foi um produto de US$ 15 bilhões... um único produto. Em minha opinião, esse sucesso criou excesso de confiança. Mas esse negócio tem um ciclo de vida muito curto e, literalmente, muda quase tanto quanto a moda. Em um período de seis meses, as vendas caíram de 30 milhões de aparelhos por trimestre para 2 milhões por trimestre, e não havia nenhum novo produto a ser lançado. Assim, a Motorola atingiu o limite". As vendas do Razr começaram a declinar rapidamente, e as receitas anuais da empresa passaram de cerca de US$ 30 bilhões para US$ 8 bilhões, em apenas dezoito meses. A Motorola perdeu seu lugar no topo e passaria dez anos tentando voltar ao jogo.

Ferramenta: "MENTALIDADE DE SEGUNDO SET"

No tênis, é comum o competidor que vence o primeiro set perder o segundo, mesmo que tenha vencido com folga. Por quê? Porque o perdedor agora conhece o jogo do adversário e pode ficar muito mais motivado por estar em desvantagem. Ou talvez o ganhador do primeiro set se acomode com seu desempenho agora que está na frente. Seja como for, na realidade, a estratégia e o nível de jogo que venceram o primeiro set não se aplicam mais porque o jogo mudou. No tênis, assim como nos negócios ou na vida, o jogo sempre muda.

Provavelmente, você já escutou a famosa citação de Einstein: "Insanidade é fazer sempre a mesma coisa e esperar resultados diferentes". No entanto, como o jogo sempre muda, também não há sentido em fazer repetidas vezes a mesma coisa e esperar os *mesmos* resultados.

Esta ferramenta é útil para definir seus negócios inacabados e refocalizar seus objetivos. E agora? Quais são as possibilidades? Se o negócio tem sido bom e você tem prosperado, você precisará jogar ainda mais duro de agora em diante para garantir que se manterá nessa situação. Mas, se as coisas não correram tão bem, declarar um "segundo set" é uma oportunidade de fazer melhor. Nesse caso, a ideia fundamental é a de que sempre podemos recomeçar. Independentemente de onde estivemos, podemos jogar um segundo set, em que os resultados serão diferentes.

Tática do segundo set

Esta ferramenta permite que você trace um limite, exigindo um desempenho novo, distinto, extraordinário, mesmo quando esteja se saindo muito bem.

O importante é que ainda permite que você parabenize seu pessoal pelo sucesso obtido no primeiro set. Isso é muito útil, porque técnicas do tipo "devemos fazer melhor" tendem a enfocar mais o mau desempenho.

Comece identificando o que será mais difícil no segundo set. Com isso, você deixará de tolerar os que não tiveram bom desempenho no primeiro set. Normalmente, quando uma empresa está ganhando a primeira rodada, ninguém presta muita atenção nas partes ou nas pessoas que deixaram a desejar – o cenário é de vitória, portanto não há necessidade de lidar com isso. Mas, ao declarar o segundo set, estabelece-se uma nova situação, com novos desafios, permitindo-lhe lidar com os elementos de mau desempenho em sua equipe ou organização.

✚ Insights e ações

AUTORREFLEXÃO

Avalie-se em relação aos seguintes itens abordados no Capítulo 6 – "Estratégia: mostre a realidade como ela é"	Oportunidade de melhoria	Ponto forte
1. Eu crio o tipo de ambiente em que as pessoas não têm medo de se manifestar ou contradizer meu ponto de vista.		
2. Tenho um jeito sistemático de procurar a verdade de meus clientes, meus concorrentes e minha equipe.		
3. Pergunto regularmente à minha equipe o que estamos fazendo certo e o que estamos fazendo errado no negócio.		
4. Insisto na discussão rigorosa e no conflito produtivo sobre prioridades cruciais.		
5. Quando defino a realidade em situações difíceis, sempre crio esperança para o futuro.		

EXERCÍCIOS

1. Se algum profissional bem-sucedido o substituísse amanhã, em quais pontos ele diria que você perdeu a chance de definir a realidade? Clientes? Equipe? Finanças? Concorrência?
2. O que o impede de definir a realidade nessa área?

7 Estratégia: Crie e personalize sua visão

Uma vez que você definiu a realidade para as pessoas que lidera, o próximo passo é desenvolver uma visão compartilhada sobre aonde quer ir em seguida. Após uma reunião com sua equipe, na qual expôs uma visão inspiradora do futuro, Charlie Middleton, franqueado da KFC do Tennessee, disse para mim com sua voz de barítono: "Um caminho que não leva a lugar algum é difícil de construir". Em outras palavras, é muito mais fácil chegar a algum lugar se você sabe aonde vai. Concordo plenamente. Ao construir um plano para alcançar seu objetivo, é fundamental que você tenha uma ideia clara do destino final antes de começar a traçar um roteiro de como chegar lá.

O que significa uma visão? É sua ideia de como o futuro será quando você alcançar seu Grande Objetivo, quais são os benefícios, quais serão os resultados. Se você criar uma visão do que quer fazer e tornar isso pertinente às pessoas que lidera, terá sucesso em sua jornada.

Ao criar uma visão, pense em seu público-alvo, nas pessoas que deseja mobilizar. Você deve criar uma visão sobre a qual sua equipe possa dizer:

1. Compreendo a visão.
2. Sei que meus clientes, ou as pessoas que precisamos persuadir, gostarão dela.
3. Ela me empolga.
4. Sou capaz de torná-la realidade.

Por exemplo, em 1998, após nossa cisão da PepsiCo, eu queria falar sobre minha visão dos rumos da nova empresa. Ao refletir sobre isso (com a ajuda e colaboração de minha equipe, é claro), o sucesso de nossas marcas de restaurantes se reduzia a uma coisa: deixar as pessoas felizes. Comida boa deixa as pessoas felizes. Se pudermos também proporcionar uma grande experiência aos clientes, eles ficarão ainda mais satisfeitos. Se valorizarmos o dinheiro deles, para que possam economizar um pouco mais, isso também os deixará satisfeitos. Então, a visão que criamos foi "Put a YUM on people's face around the world" [ponha um YUM no rosto das pessoas ao redor do mundo].

A visão que apresentei satisfez cada um dos quatro pontos mencionados anteriormente, e todos nós, desde os funcionários dos restaurantes até nossos advogados, conseguimos apoiar a ideia. Escrevi uma carta e a enviei com essa declaração de visão (ou, como eu a denominei naquela ocasião, "nossa declaração de paixão") para todos os nossos gerentes-gerais de restaurantes e líderes administrativos em todo o mundo, a fim de chamar sua atenção e dar um toque pessoal. (A propósito, o logotipo impresso no papel timbrado é da Tricon porque esse era nosso nome original após a cisão; passamos a adotar o mais memorável Yum! Brands quando me tornei CEO.)

Como John O'Keeffe, que criou a ferramenta "Do futuro para o presente" a ser mencionada a seguir, afirmou: "Certifique-se de que é um conceito de futuro que orienta suas ações no presente".

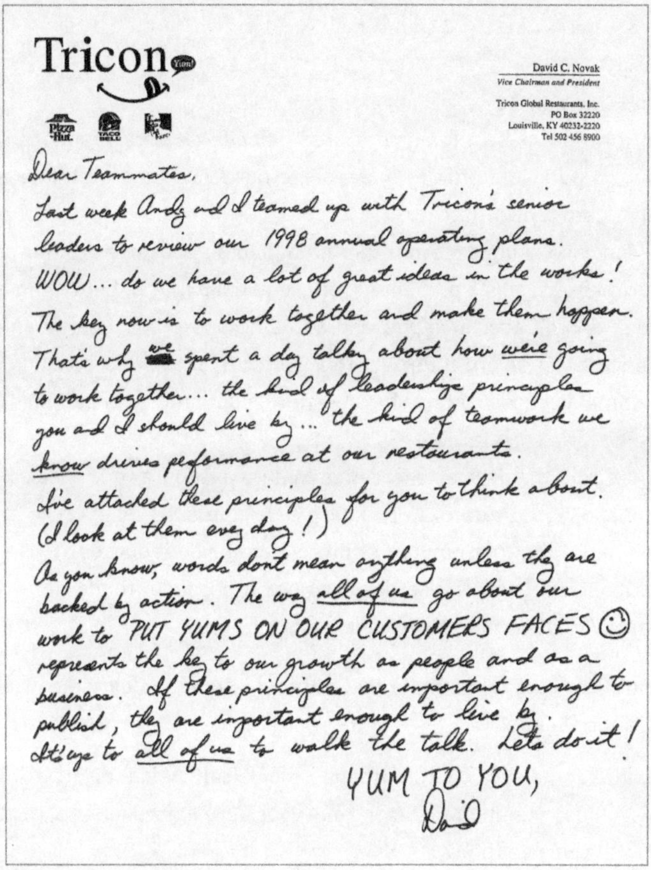

Tricon

David C. Novak
Vice Chairman and President

Tricon Global Restaurants, Inc.
PO Box 32220
Louisville, KY 40232-2220
Tel 502 456 8900

Dear Teammates,

Last week Andy and I teamed up with Tricon's senior leaders to review our 1998 annual operating plans. WOW... do we have a lot of great ideas in the works! The key now is to work together and make them happen. That's why <u>we</u> spent a day talking about how <u>we're</u> going to work together... the kind of leadership principles you and I should live by... the kind of teamwork we <u>know</u> drives performance at our restaurants.

I've attached these principles for you to think about. (I look at them every day!)

As you know, words don't mean anything unless they are backed by action. The way <u>all of us</u> go about our work to PUT YUMS ON OUR CUSTOMERS FACES ☺ represents the key to our growth as people and as a business. If these principles are important enough to publish, they are important enough to live by. It's up to <u>all of us</u> to walk the talk. Let's do it!

YUM TO YOU,

David

Prezados companheiros de equipe,

Na semana passada, Andy e eu nos reunimos com os principais líderes da Tricon para revisar nosso plano operacional de 1998. Uau... tivemos ótimas ideias ali! Agora, temos de trabalhar juntos e fazer as coisas acontecerem. Foi por isso que passamos o dia discutindo como <u>nós</u> vamos trabalhar juntos... o tipo de princípio de liderança que vocês e eu devemos adotar... o tipo de trabalho em equipe que <u>sabemos</u> que impulsiona o desempenho de nossos restaurantes.

Anexei esses princípios para que vocês pensem a respeito. (Eu os leio todos os dias!)

Como vocês sabem, as palavras não significam nada a não ser que sejam acompanhadas pela ação. A maneira pela qual <u>todos nós</u> realizamos nosso trabalho para COLOCAR YUMS NO ROSTO DE NOSSOS CLIENTES representa a chave de nosso crescimento como pessoas e como negócio. Se esses princípios são importantes o bastante para serem publicados, também são importantes o bastante para orientar nossa vida. Cabe a <u>todos nós</u> sermos coerentes com nosso discurso. Vamos lá!

YUM PARA VOCÊS,
David

Ferramenta: "DO FUTURO PARA O PRESENTE"

Futuro ⟶ Presente

Em primeiro lugar, imagine a possibilidade de uma mudança significativa em relação ao futuro e, depois, empreenda uma grande ação no presente para realizá-la.

Nesse caso, a ideia é evitar cair no hábito de pensar e discutir o passado primeiro, depois o presente e, em seguida, o futuro. É um mito achar que você tem de acertar o passado antes de poder agir no presente, na esperança de criar um futuro melhor. Enfocar primeiro o passado pode levar a uma discussão interminável e inútil, enquanto se desenrola "o novelo da história correta".

Em vez disso, utilize esta ferramenta para assegurar que você comece com uma visão do futuro. Certifique-se de que suas ações hoje se baseiam em um movimento para o futuro, em vez de tentar corrigir o passado. Quando a conversa se desviar para o passado, mude de assunto dizendo: "Vamos passar do passado para o futuro".

Como utilizar esta ferramenta na criação de um plano para alcançar seu Grande Objetivo

- Visualize como será o futuro quando você alcançar seu objetivo.
- Em seguida, identifique as ações que você deve empreender para alcançar essa visão de futuro.
- Decida o que tem de ser cumprido a cada dia/semana para concluir seu trabalho.

✚ Crie uma causa nobre

Não é só você que tem de se preocupar com sua visão para seu negócio – todos os envolvidos devem se interessar em torná-la realidade. Para isso, sua visão tem de inspirar. Todos os funcionários, desde o operário que trabalha em um turno por um salário mínimo até um alto executivo, querem fazer parte de algo maior. As pessoas não querem

Articulei essa noção de "Desempenho com propósito" para a PepsiCo. Atualmente, é pelo desempenho que a empresa é conhecida, é isso que a orienta. No entanto, o desempenho sozinho não vai nos levar para o futuro. Sempre digo para nosso pessoal: operamos com uma licença da sociedade, o que significa que não podemos transferir custos a ela. Temos de nos certificar de que ajudamos a sociedade. Somos tão grandes que poderíamos ser um país e temos um dever. E as três coisas que temos de fazer com certeza são: em primeiro lugar, temos o compromisso de transformar nosso cardápio para ter um equilíbrio entre guloseimas e comidas saudáveis. Em segundo lugar, queremos ser uma organização muito responsável ambientalmente, no tocante a uso de água, consumo de energia e desperdício de embalagens. E, em terceiro lugar, queremos assegurar que cada pessoa que ingresse na PepsiCo não só tenha um sustento, mas também possa tirar proveito da vida.

– Indra Nooyi, CEO da PepsiCo

ir para o trabalho simplesmente para cumprirem tarefas. Elas ficam mais motivadas quando sabem que o que fazem tem importância e ajudam a equipe a se encaminhar rumo a uma visão poderosa de futuro. Cabe ao líder lhes dar essa visão, de um modo que desperte seus corações e suas mentes.

Sua tarefa como líder é dar às pessoas algo que as estimule. Ganhar dinheiro não é suficiente para inspirar a todos no longo prazo. Afinal de contas, quase todo negócio pode fixar um objetivo como "superar o desempenho do ano passado" ou "aumentar o lucro em 'xis' porcento". Mas isso realmente deixa alguém motivado? O que há de especial nisso?

Uma visão inspiradora convida as pessoas a integrarem algo maior do que elas; dá-lhes uma causa nobre da qual participar. A declaração de objetivos da Starbucks, por exemplo, não é algo tão óbvio como "preparar um grande café", mas sim "inspirar e cultivar o espírito humano, uma pessoa, uma xícara e uma vizinhança de cada vez". A Walt Disney Company aspira a, simples e profundamente, "fazer as pessoas felizes". Na Yum! Brands, nossa visão evoluiu desde a carta que escrevi em 1998. Atualmente, é "a empresa global marcante que alimenta o mundo". São coisas pelas quais quase qualquer um pode se entusiasmar.

Muitas grandes empresas, até as melhores delas, tropeçaram nessa área. Certa vez, Bill Weldon, CEO da Johnson & Johnson, disse-me que sua empresa tinha um slogan que usava em quase tudo: "A empresa de cuidados de saúde mais diversificada do mundo". Pode ter sido verdade e poderia ser bastante impressivo, mas Weldon afirmou: "Para mim, não era emocional. As pessoas precisam de algo emotivo com o qual se relacionar. Por isso, há alguns anos, elaboramos o que denominamos declaração de dedicação, que afirma basicamente: 'Cuidamos do mundo, uma pessoa de cada vez'. Isso, sim, inspira". Testado com funcionários, clientes, médicos e prestadores de serviços de saúde, o novo slogan repercutiu em todos os grupos.

Google: "Organizar as informações do mundo e torná-las universalmente acessíveis e úteis".

Walmart: "Dar às pessoas comuns a oportunidade de comprar as mesmas coisas que os ricos".

The Walt Disney Company: "Fazer as pessoas felizes".

Starbucks: "inspirar e cultivar o espírito humano, uma pessoa, uma xícara e uma vizinhança de cada vez".

P&G: "Forneceremos produtos e serviços de marcas conhecidas e de superior qualidade e valor, que melhorem a vida dos clientes pelo mundo, agora e nas próximas gerações".

Yum! Brands: "Ser a empresa global marcante que alimenta o mundo".

+ Linguagem poderosa

Palavras em uma página não são nada mais do que isso. Você precisa ter cuidado com as palavras que escolhe para explicar seu objetivo e comunicar sua visão. Elas devem captar a atenção de seu público-alvo e inspirá-lo a agir.

Certa noite, eu assisti a uma entrevista de Jack Welch no programa *60 Minutes*. Ele falou sobre ter uma organização estimulada por aquilo que realmente importava. Welch acreditava que a qualidade era decisiva para sua empresa, a General Electric, mas não apenas dizia para seu pessoal: "Qualidade é importante". Ele afirmou que, literalmente, "era obcecado" por qualidade, comunicando sua importância em tudo o que a empresa fazia, desde a propaganda até a definição de bônus.

Isso me levou a pensar em um objetivo que foi definido cedo em nossa empresa: melhorar a satisfação do cliente. Todos são capazes de entender isso, mas eu não achava que tínhamos progredido o suficiente em fazer nosso pessoal escutar e responder à voz do cliente. Naquela mesma noite, decidi mudar a maneira como abordávamos isso, dando-lhe mais ênfase. "Foco no cliente" virou "obsessão pelo cliente", e comecei a falar sobre a necessidade de *ficar obcecado* por compreender as necessidades de nossos clientes e fazê-los felizes.

Logo descobri que a obsessão pelo cliente chamava a atenção de todos. Provocou uma reação. Não soava como toda empresa que fala sobre a necessidade de estar focada nos clientes. Elevava de modo radical e sério a importância da ideia subjacente. Atualmente, temos uma organização muito mais focada no cliente, que avalia seu pessoal com base na capacidade de ser louco pelo cliente.

Veja outro exemplo: em 2007, quando se tornou CEO da AT&T, Randall Stephenson quis provocar uma mudança no modo de pensar dentro da organização. A empresa sempre se baseara no negócio da telefonia fixa, mas aquilo fazia parte do passado, e Randall queria que o pessoal olhasse para o futuro. E o futuro era a telefonia celular, "onde estava o crescimento", segundo ele. Então, a nova estratégia foi resumida em apenas duas palavras fáceis de memorizar e muito poderosas: "Mobilize everything" [mobilize tudo; a palavra *mobilize* evoca *mobile*, que pode significar *celular*]. Era impossível não entender a mensagem por trás disso.

Todo líder precisa pensar com cuidado nas palavras que escolhe. A ferramenta a seguir ajuda a refletir sobre a melhor maneira de transmitir uma visão. Lembre-se: não é só o conteúdo daquilo que você diz que importa, mas também a maneira como você diz.

Ferramenta: "DESCRIÇÃO EMOCIONAL"

As descrições emocionais são formadas quando se utiliza linguagem poderosa para colocar objetivos em palavras, exatamente como na citação de Martin Luther King Jr., a seguir.

Um objetivo de mudança significativa funciona melhor quando as palavras utilizadas para descrevê-lo atraem e capturam a atenção das pessoas, conquistando seus corações e mentes. As palavras devem gerar uma imagem na mente das pessoas e entusiasmo em seu espírito.

Em um dos discursos anuais que todo presidente norte-americano dirige ao Congresso, Barack Obama falou sobre como acreditava que os Estados Unidos precisavam elevar a importância da educação na cultura do país. A título de exemplo, ele citou a Coreia do Sul, onde creem que os educadores são tão importantes que utilizam uma linguagem muito diferente para descrever suas funções. Não os chamam de professores, mas sim de "construtores da nação".

Ao criar uma descrição emocional para seu Grande Objetivo, utilize o teste do jantar para determinar se você criou uma descrição eficaz. Pergunte-se: como eu descreveria meu objetivo para alguém que acabei de conhecer em um jantar de modo que possa emocionar essa pessoa?

Outros exemplos

"Abrir as estradas para toda a humanidade." – Ford Motor, 1925.

"Mudar a imagem de baixa qualidade dos produtos japoneses em todo o mundo." – Sony, 1950.

"Alcançar uma pessoa, um computador." – Apple, década de 1970.

"Ser o negócio de restaurantes mais bem-sucedido não só da China, mas do mundo." – Yum! China

© John O'Keeffe, BusinessBeyondtheBox.com

"Evite o sedativo do gradualismo."

– Martin Luther King Jr.

✚ Personalize a visão

Quero enfatizar que você não tem de ser um CEO para pôr em ação tais princípios e ferramentas. Esses conceitos não se aplicam somente a grandes declarações de objetivos de grandes empresas. Funcionam em todos os níveis. Ao analisar um objetivo que você queira alcançar ou uma ação que tenta executar, pergunte-se: que efeito essa realização terá sobre as pessoas?

Tudo volta para as pessoas. Poupar dinheiro melhora a qualidade de vida. Melhorar o serviço ao consumidor torna o dia mais agradável para aqueles que são bem atendidos... talvez até fazendo-os transmitir esses bons sentimentos para outra pessoa. Se um auxiliar administrativo conseguir cortar significativamente o uso de papel, isso poderá reduzir o custo de realização de negócios, o que poderá manter baixo o custo dos produtos para o consumidor (sem mencionar o impacto positivo no meio ambiente).

Em nossa empresa, perguntamos: o que você faz em sua unidade da Yum! para ajudar a nos tornar a empresa global marcante que alimenta o mundo? As pessoas respondem com as próprias visões, dependendo do que fazem. Brian Goldstein, um dos principais operadores da Taco Bell, adota para cada um de seus restaurantes a visão de "ser o melhor restaurante de serviço rápido do quarteirão". Já Jonathan Blum, nosso diretor de relações públicas, sugeriu uma declaração de objetivos para nossa iniciativa "World hunger relief" [alívio da fome mundial] que harmoniza perfeitamente com a da organização, que é "dar a todo funcionário, empresa e franqueado a oportunidade de ajudar a melhorar o mundo causando um impacto real na crise global". Atualmente, é uma causa nobre pela qual todos podem lutar.

É preciso que as pessoas assimilem sua visão a fim de disseminar a mensagem. Afinal de contas, você não pode estar em toda parte para repeti-la. Noel Tichy, professor da escola de administração da University of Michigan, denominou isso de "ponto de vista transmissível". Todo líder precisa descrever seu objetivo em termos claros, simples e impactantes para os membros de sua equipe, para que eles possam tornar a visão pertinente a suas funções e ensiná-la para seu próprio pessoal. As mensagens mais bem-sucedidas são comunicadas dessa maneira, um dos motivos pelos quais Tichy participa de nosso Leadership Development Council [conselho para desenvolvimento de liderança] na Yum!, enfatizando sua ideia de líderes como professores por toda nossa organização. Até utilizamos a palavra *coach* [técnico] no lugar de *chefe* para reforçar o conceito. Muitas vezes, desafio as pessoas a criar uma "mensagem de elevador", isto é, persuasiva e sucinta, para seu "ponto de vista transmissível", pois, se você não for capaz de comunicar por que seu objetivo é importante em termos breves e convincentes, como poderá esperar que outro seja capaz de transmitir sua mensagem?

Na realidade, apresentar uma visão ousada e convincente inspira as pessoas a adotá-la. Você pode não estar em posição de definir uma visão tão grandiosa ou ampla quanto os exemplos que citei do Google ou da Starbucks, mas pode definir uma visão para seu Grande Objetivo como Brian Goldstein fez. Ele pensou acerca do que atrairia seu público-alvo – os funcionários de seus restaurantes – e lhe deu uma meta da qual podia se orgulhar em alcançar.

Ferramenta: "DE/PARA"

Hoje em dia, percebo que a maioria das pessoas não dirige empresas, mas todos têm iniciativas que são necessárias para estimular as pessoas a agir. Uma das ferramentas que sempre utilizei para ascender na hierarquia é o que denomino "de/para". Uma maneira de enquadrar sua visão é falar sobre como passará "do" *status quo* "para" um futuro muito mais poderoso.

John O'Keeffe descreve basicamente a mesma ideia em nosso curso Achieving Breakthrough Results, quando vamos do Sistema A para o Sistema B. O primeiro abrange aquilo que lhe permite tocar seu trabalho. São pensamentos ou afazeres cotidianos que conduzem a algumas mudanças incrementais (recapitulando a ferramenta que apresentei no Capítulo 1 – "Imagine uma mudança significativa" –, esse é o tipo de transformação que leva a um crescimento de vendas de 3,5% a 4% ao longo de um ano), mas não algo que realmente empolgue as pessoas.

Por outro lado, o Sistema B abrange aquilo que representa uma mudança significativa em relação à maneira de fazer negócios no passado. São modos de pensar ou agir poderosos, que conduzem a grandes resultados. Acredito realmente que todos querem uma chance de ser extraordinário, e apresentar às pessoas uma visão mais extraordinária de como pode ser a realidade é o primeiro passo para chegar lá.

Eis alguns exemplos de como utilizamos essa ferramenta em nossa organização para mudar o modo de pensar das pessoas sobre a importância de desenvolver know-how. Para ilustrar o primeiro exemplo da lista, descobrimos que somente pessoas em certas posições consideravam a ideia de inovação como parte importante de seu trabalho. No entanto, queríamos que todos pensassem em novas e melhores maneiras de fazer negócios, independentemente do cargo. Se uma assistente executiva descobrisse um novo software que tornasse seu dia de trabalho mais eficiente, isso era ser inovador.

Do Sistema A para o Sistema B: Desenvolvendo know-how

Inovação não é minha tarefa.	Inovação é tarefa de todos.
Estou afogado em informações.	Desenvolver know-how me ajuda a separar o que é significativo do que é irrelevante.
Reinvente a roda.	Busque conhecimento daqueles que tiveram sucesso no passado e reaplique.
Conhecimento é poder.	Ridicularize as barreiras ao conhecimento... Compartilhar é fundamental.

Como se pode perceber, essa ferramenta simples força a pensar sobre onde se está hoje e prevê um estado final que é muito mais poderoso e muito mais estimulante para todos os envolvidos.

✚ Se não for simples, recomece

Ser simples não significa que sua visão não seja poderosa ou de longo alcance. Significa que é fácil de entender e de comunicar aos outros. Se parecer redigido por um consultor, refaça.

Como Tom Ryan, que acabou de se aposentar dos cargos de presidente do conselho de administração e CEO da CVS/Caremark, certa vez me explicou: "Para transmitir uma mensagem, esta precisa ser simples e direta... Acho que uma das tarefas de um líder é simplificar o complexo. E não quero dizer simples de um ponto de vista conceitual. Quero dizer simples do ponto de vista de 'fácil de lembrar'".

Não faz muito tempo que a empresa de Ryan propôs a nova missão de "encontrar soluções fáceis e eficazes para nossos clientes", pois o negócio de assistência médica tende a ser complicado, e a vida das pessoas já é complicada o bastante. No entanto, com 220 mil funcionários em sua organização, 45% dos quais de meio expediente, e muito movimento de entrada e saída, Ryan se preocupava se sua mensagem conseguia ser transmitida. Ela era captada pelas pessoas?

Certo dia, Ryan foi até o refeitório e viu um grupo de funcionários em uma mesa bem diante da porta. Ele notara que aquele mesmo grupo se sentava na mesma mesa todos os dias para almoçar. Encaminhou-se até eles e perguntou por que sempre escolhiam comer no mesmo lugar. Sem hesitar, um dos funcionários respondeu com um sorriso: "Porque é fácil e eficaz, Tom. É fácil e eficaz". Ryan ficou empolgado. "Eu disse para mim mesmo: 'Está funcionando. As pessoas estão captando a mensagem'."

✚ Insights e ações

AUTORREFLEXÃO

Avalie-se em relação aos seguintes itens abordados no Capítulo 7 – "Estratégia: crie e personalize sua visão"	**Oportunidade de melhoria**	**Ponto forte**
1. Desafio minha equipe a definir um Grande Objetivo por conta própria, superando o pensamento incremental.		
2. Cada pessoa de minha equipe conhece nossa visão e é capaz de explicá-la.		

3. Utilizo reuniões e interações diárias para envolver, energizar e inspirar as outras pessoas em torno de nossa visão.		
4. As pessoas da equipe se sentem entusiasmadas com nossa visão.		
5. Cada pessoa da equipe personalizou a visão e entende o que precisa fazer para torná-la realidade.		

EXERCÍCIO

Pratique para deixar a visão de seu Grande Objetivo a mais simples e interessante possível. Encontre alguém para compartilhá-la e peça feedback.

É fácil de entender? É grandiosa? É instigante? Como você poderia melhorá-la?

8 Estratégia: Obtenha cooperação em cada etapa do processo, em cada nível

Após compartilhar as realidades do negócio e sua visão com a equipe, a terceira parte da execução de sua estratégia é obter cooperação, um aspecto muito importante. Você pode ter a melhor ideia do mundo, mas isso não importará se não conseguir a cooperação das pessoas para torná-la realidade. Sem alinhamento, uma grande ideia não será eficaz.

Tive a falta de sorte de testemunhar pessoalmente como grandes ideias podem fracassar por falta de cooperação. Isso é tão importante que é necessário mais do que simplesmente *pensar* que você a tem; é necessário *saber* que a tem. Um dos maiores erros que cometi desde que comecei a dirigir a Yum! Brands foi não persistir em obter cooperação *suficiente* no caso de um novo e grande conceito – o de multimarcas – que estávamos introduzindo em toda a nossa linha de restaurantes.

Em nosso ramo, multimarcas são como denominamos unidades de restaurante que abrangem mais de uma marca – uma combinação de KFC e Taco Bell, por exemplo. Os possíveis benefícios desse conceito eram imensos para nossa empresa. Quando fomos desmembrados da PepsiCo, assumimos três marcas bem estabelecidas, mas cada uma se dedicava principalmente a um tipo de comida: KFC é especializada em frango; Pizza Hut, em pizza; e Taco Bell, em comida mexicana.

Como as marcas eram muito especializadas, o consumidor nunca nos dava muito crédito quando tentávamos introduzir categorias diferentes, como hambúrgueres na Taco Bell. Quem queria hambúrguer ia ao Wendy's ou ao Burguer King. Até que Al Luihn, um de nossos franqueados mais inovadores, teve a ideia engenhosa de tentar agregar a marca Taco Bell a seu restaurante KFC, pois não havia nenhum Taco Bell perto de sua loja. Os resultados foram fantásticos. Somente com a sinalização, sem nenhuma outra propaganda, as vendas cresceram 35%, indicando que os consumidores gostaram da ideia da variedade de marcas. Se alguém de um grupo não quisesse frango, poderia pedir um taco ou um burrito. Todos ficavam satisfeitos.

Abrimos mais lojas KFC/Taco Bells com sucesso semelhante, mas não podíamos tornar isso uma grande ideia nacional, pois já tínhamos estabelecimentos autônomos de cada uma dessas marcas perto uns dos outros na maioria das áreas comerciais. Também nesse caso nossos franqueados chegaram à solução do problema. Larry Durrett solicitou a oportunidade de adicionar um restaurante Long John Silver's, de peixe e frutos do mar, a seu Taco Bell, no Texas. Jackie Trujillo teve uma ideia similar ao combinar um restaurante A&W All American Food, que servia hambúrgueres e cachorros-quentes, a um KFC, em Utah. Novamente, os resultados foram excelentes, tanto que tomamos a decisão de adquirir a rede LJS e A&W a fim de promover a criação de multimarcas em grande escala nos Estados Unidos.

Ainda que nossos clientes gostassem da ideia e o crescimento das vendas fosse substancial, eu logo percebi que não tinha feito o suficiente para penetrar a mente de meu público-alvo e atrair os franqueados. Aqueles que haviam testado o conceito de multimarcas estavam apaixonados pela ideia, mas essa atitude mental de pioneirismo não predominava na maioria de nossos franqueados, que preferiam se dedicar somente a suas próprias marcas. Eles não conseguiam imaginar como compartilhar seus restaurantes com outra marca, pois isso significava outro cardápio, novos equipamentos de cozinha, treinamento específico para os funcionários. Significava um comprometimento de tempo e recursos dos proprietários e gerentes desses restaurantes, e, antes de fazer a aquisição, eu não me esforcei o suficiente para entender a origem dos franqueados ou para lhes mostrar os benefícios que teriam se fizessem aquilo dar certo.

Obter real cooperação é essencial para o senso de posse e a responsabilização. Na teoria, o conceito de multimarcas parecia a próxima tendência do setor, e muitos se entusiasmaram com isso. Na verdade, eu cheguei a declarar em público que era a maior ideia de nosso setor desde o guichê do drive-thru. No entanto, as pessoas que tinham de colocá-la em prática, isto é, os franqueados, de modo geral não se entusiasmaram com a ideia. No fim das contas, nunca fomos capazes de fazer o conceito de multimarcas funcionar em grande escala. Atualmente, estamos no processo de vender as redes LJS e A&W, para podermos nos concentrar em oportunidades de crescimento muito maiores.

✚ Cuidado com objeções furtivas

Você já passou pela situação de apresentar uma ideia a um grupo de pessoas que pareceu gostar dela – ao menos, não houve nenhuma objeção – e, depois, descobrir que algumas delas nunca aderiram realmente a essa ideia? Você deve se lembrar de que não basta apresentar seu plano. É preciso fazer o acompanhamento, farejando as "objeções furtivas", isto é, aqueles que não apreciam conflitos e podem não querer expressar suas preocupações, mas, não obstante, ao longo do caminho podem liquidar sua iniciativa.

Se certas pessoas são importantes para fazer seu objetivo avançar, você terá de lhes perguntar diretamente: vocês estão a bordo? Acabei com suas preocupações? Conhecer seu pessoal e saber como ele pensa conta muito nessa hora. Se houver alguém na sala que, em geral, é contra aumento de preço, e essa ação fizer parte de seu plano, você terá de abordá-la: "Ei, eu sei que você odeia aumentar preço. O que acha de tudo isso?". Se você sabe que o gerente financeiro costuma criticar os números, mas está excepcionalmente quieto em dada ocasião, peça-lhe que expresse publicamente o que pensa.

Ferramenta: "COLABORAÇÃO CARACTERÍSTICA DE TEMPOS DE CRISE VERSUS ESPÍRITO DE EQUIPE SUPERFICIAL"

Você já teve a experiência de trabalhar com um grupo de estranhos em uma situação de crise? Apesar de não se conhecerem, você deve ter notado que trabalharam juntos surpreendentemente bem, pois se uniram durante uma crise. Seja bem-vinda a colaboração que brota em momentos críticos, um modo de atuar em equipe que gera resultados extraordinários.

Provavelmente, você também já teve a experiência de integrar uma equipe em que, embora interagisse com todos os membros diariamente, nunca conseguiu conhecê-los muito bem. Em consequência, quando se reúnem em uma sala, a participação não é plena e a colaboração é medíocre. Trata-se de um espírito de equipe superficial, ou, simplesmente, outra forma de incrementalismo.

A colaboração característica de tempos de crise é diferente, pois, nesse cenário, as pessoas:

- Combinam esforços em favor de resultados imediatos.
- Criam rapidamente um vínculo forte.
- Podem se sentir extraordinariamente próximas.

Para conseguir uma colaboração característica de tempos de crise, passe do modelo Ter-Fazer-Ser para o modelo Ser-Fazer-Ter:

Modelo Ter-Fazer-Ser	**Modelo Ser-Fazer-Ter**
Deve-se *ter* parceiros colaborativos.	Decide-se *ser* colaborativo.
Pode-se *fazer* revisões em conjunto.	Pode-se *fazer* ações em conjunto.
Pode-se *ser* colaborativo.	Pode-se, assim, *ter* parceiros colaborativos e resultados.

Esse é o tipo de espírito de equipe que queremos vivenciar todos os dias. Como gerar a colaboração característica de tempos de crise sem estar em crise? Deve-se partir de uma crença básica nas pessoas e em suas boas intenções e, então, *escolher* colaborar dessa maneira, aconteça o que acontecer. Sem escolha, nada acontecerá por acaso.

✚ Três passos para obter cooperação

Para detectar "objeções furtivas" e se certificar de que existe alinhamento, em vez de só achar que há, comece com os três passos a seguir:

> *Obter cooperação é muito importante, e você conquista isso fazendo três coisas: dizer o quê, dizer como, mas, sobretudo, e é algo em que não somos muito bons, dizer o porquê. Agora, dizer às pessoas "o que" cativa suas mentes. Dizer-lhes "como" cativa suas mãos. E dizer-lhes "porque" cativa seu coração e gera vínculo emocional. E é por meio desse vínculo emocional que se consegue melhor cooperação.*
>
> – Greg Creed, CEO da Taco Bell

1. *Compartilhe a realidade... ajude as pessoas a entenderem o porquê*: Não diga simplesmente para as pessoas o que você quer fazer – explique por que você quer fazer. É o porquê que mais envolve as pessoas.
2. *Peça contribuições... demonstre que você escutou*: Faça perguntas diretas com base no que sabe sobre seu desafio e, em seguida, informe às pessoas que você escutou e avaliou o que elas disseram. Se aproveitar a ideia de alguém para melhorar seu plano, dê-lhe crédito. Se discordar da avaliação de alguém, explique-lhe o motivo. Se concordar com as preocupações de Sally, mas ainda não tiver uma explicação para lhe dar, diga: "Vou precisar de mais algum tempo para examinar a questão levantada por Sally e gostaria da ajuda dela nisso".
3. *Sem envolvimento não há comprometimento*: Envolva o público-alvo, caso contrário, ele nunca se comprometerá de verdade com o objetivo. Pense em alguma vez que alguém pediu para você fazer alguma coisa, sem perguntar sua opinião. Quanto você se comprometeu de verdade? Garanto que a resposta é "não muito" ou "não tanto quanto poderia".

✚ Conflito produtivo

Como você lida com o conflito? É uma questão importante quando se trata de obter cooperação. Como as pessoas de sua equipe lidam com isso?

A maioria das pessoas não gosta de conflitos. Frequentemente, tentam evitá-lo, sobretudo no trabalho, onde, às vezes, não conhecemos as pessoas muito bem, mas devemos ser educados com todos. No entanto, o caminho para o verdadeiro alinhamento costuma ser pavimentado com conflitos.

Em uma de nossas convenções, Patrick Lencioni nos falou sobre seu best-seller *The five dysfunctions of a team* [*Os 5 desafios das equipes*, Campus, 2009], em que identificou o "medo do conflito" como a disfunção número dois. Ele nos disse: "As equipes que se envolvem em conflito produtivo sabem que o único propósito é produzir a melhor solução possível no menor prazo".

O primeiro passo para lidar com essa disfunção é reconhecer que você, assim como muitas outras pessoas, tende a evitar o conflito por força do hábito. A seguir, admita que o conflito pode ser produtivo e se esforce para aceitá-lo. Espere ser desafiado a respeito de suas ideias. Lembre-se de agradecer as pessoas que fazem isso. Deixe claro que você valoriza esse tipo de discussão e aprecia o feedback delas. E, sobretudo, nunca diga, ou deixe que os outros digam: "Vamos conversar sobre isso em particular". Essa é uma queixa frequente minha. Quando você escuta essa frase, sabe que as pessoas estão apenas evitando o conflito e adiando a tomada de decisão, o que as impede de obter cooperação.

Devo admitir que, às vezes, tenho dificuldade de fazer o que falo. Isso aconteceu recentemente quando tentávamos melhorar o movimento noturno nos dias úteis na Pizza Hut. Tradicionalmente, esse era um negócio de fim de semana, com maior movimento nas noites de sexta-feira, sábado ou domingo. Tínhamos introduzido novos produtos para atrair mais clientes: massas e asas de frango. Embora eles gostassem desses produtos, não vinham com mais frequência para consumi-los. Em vez disso, simplesmente substituíam a massa ou as asas por pizza quando apareciam no fim de semana. E as vendas continuavam basicamente as mesmas.

Queremos obter a melhor decisão, as melhores respostas, mas para isso precisamos saber a opinião das pessoas. Com meu temperamento, por exemplo, se você discordar de mim, provavelmente teremos uma discussão. Não quero que isso seja um obstáculo. Quer dizer, esse é meu jeito de ser, mas não quero impedir ninguém de expor seu ponto de vista como desejar. E, quando fazíamos reuniões de equipe, tínhamos de fazer uma pausa de vez em quando, pois todos acabavam gritando. Mas acho que é bom expor ideias e pensamentos para fazer a melhor escolha. Não uma decisão de consenso – essas são as piores –, porém a melhor decisão que pudermos tomar.

– Larry Bossidy, autor de *Execution* [*Execução: a disciplina para atingir resultados*, Campus, 2004], e ex-vice-presidente do conselho de administração da GE e CEO da Allied Signal

Eu quis fazer algumas promoções para alavancar essas novas categorias de produto e melhorar o movimento durante a semana: a noite da massa na terça-feira e a noite de asas de frango na quarta-feira. Insisti na sugestão e fiquei muito frustrado, pois, embora as pessoas parecessem concordar com ela durante as reuniões, nada realmente aconteceu. No entanto, minha frustração era minha culpa, pois eu nunca disse: "Vamos fazer isso? Quando vai acontecer?". Jamais forcei a cooperação ou o comprometimento. Nem provoquei uma discussão suficientemente séria sobre as barreiras que a equipe enfrentaria no processo de implementação da ideia.

Finalmente, a equipe fez a sugestão sair do papel e a aperfeiçoou descobrindo como transformá-la em uma promoção: massas por US$ 9,99 às terças-feiras e asas por US$ 0,50 às quartas-feiras. Levou algum tempo para obtermos a cooperação de nossos franqueados, inicialmente relutantes em tirar dólares da mídia de nosso negócio de fim de semana para divulgar a ideia. No entanto, atualmente, nosso movimento nas noites durante a semana tem sido muito bom. Em minha opinião, porém, a ideia poderia ter saído do papel muito antes, se tivéssemos colocado todas as questões em discussão, incluindo minha própria frustração.

Como palavra final sobre conflito produtivo, lembre-se de que todo líder deve se certificar de administrar o debate. Embora seja ruim evitar conflitos, aqueles que degeneram em discussão inútil ou prejudicial são ainda piores para o moral da equipe. Deixe as pessoas debaterem, mas também identifique quando alguém ficar inconveniente ou o nível de desacordo passar de um limite aceitável. Traga o foco do pessoal de volta para o fato de que o propósito é debater e *solucionar*. Sua disposição em ser transparente e enfrentar o conflito vai diferenciá-lo como líder. Isso requer coragem, mas vale a pena.

Exercício: ESTIMULE O CONFLITO PRODUTIVO

Larry Senn me ensinou que uma das melhores ferramentas para estimular o diálogo aberto e honesto sobre a ideia ou proposta de alguém é formular duas perguntas a quem quer que esteja na mesa:

1. Como você avalia o que acabou de escutar?
2. Como podemos tornar isso ainda melhor?

Começar com a avaliação das pessoas estabelece um tom positivo para a discussão. Isso também coloca o proponente em um estado de espírito que o deixará mais receptivo às perguntas, preocupações e críticas que virão.

A segunda pergunta, ao enfocar as melhorias, e não as críticas, estimula a manifestação daqueles que evitam os conflitos. Também estimula aqueles que tendem a ser negativos a achar uma maneira construtiva de expressar suas preocupações. A pergunta não induz as pessoas a dizerem o que está errado com a ideia – ela faz com que pensem em como transformar esses erros em acertos.

Senn Delaney

✚ Dissemine a cooperação

A cooperação é um compromisso de cima para baixo. Começa com você e sua equipe. Recorde seu Mapa de Pessoas. Há públicos de nível secundário? Públicos de nível terciário? Há pessoas cujo apoio será fundamental, ou simplesmente útil, mesmo que sua interação com elas não seja diária?

Para isso, você tem de se comunicar de modo amplo e contínuo. Lembre-se da lição de Sam Walton no Capítulo 3: "Quanto mais eles sabem, mais eles se importam". Ao visitar o Walmart, aprendi que Walton tinha o dom de fazer uma grande empresa se sentir pequena, por causa da maneira direta pela qual se comunicava com a maior quantidade possível de pessoas de sua organização, fazendo visitas frequentes às lojas quando podia ou, caso contrário, usando o circuito fechado de TV. Certo dia, ele utilizou o sistema de TV do Walmart para pedir que os funcionários das lojas fossem mais atenciosos com os clientes, cumprimentando qualquer pessoa que estivesse a três metros deles. Ele até pediu que jurassem que fariam isso, dizendo: "Eu dou minha palavra, Sam". Essa frase se tornou um refrão na empresa, uma maneira de os funcionários expressarem sua cooperação ou dedicação a qualquer coisa que lhes fosse proposta.

Em um exemplo mais recente, Randall Stephenson, CEO da AT&T, demonstrou como a máxima de Walton – "quanto mais eles sabem, mais eles se importam" – realmente funciona, quando precisou convencer toda a organização sobre os méritos de sua nova visão: "Mobilize everything". Como mencionei no capítulo anterior, na época, a AT&T estava repleta de pessoas que achavam que continuavam no ramo da telefonia fixa. Randall utilizou o que denominou "T University" [Universidade T] (pois T é o símbolo ticker da AT&T na Bolsa de Valores de Nova York) para compartilhar todos os fatos que fundamentavam a nova estratégia de telefonia móvel e educar a todos sobre a tecnologia e seu potencial. Randall considerava esse treinamento tão importante que fez as 700 pessoas do escalão mais alto da empresa participarem do curso durante toda uma semana. Como ele me disse: "Temos muitas pessoas inteligentes, e quando elas perceberam as mesmas coisas que me levaram à minha conclusão, chegaram à mesma dedução tão rapidamente quanto eu. Isso realmente fez a alta administração de nossa empresa falar a mesma língua e incitou a mudança de atitude mental de que precisávamos".

Por outro lado, quando nos esquecemos de pensar em *todas* as pessoas que serão afetadas por nossa iniciativa, corremos o risco de enfrentar problemas inesperados. Scott Bergren será o primeiro a admitir que quase criou uma situação de caos quando, como diretor de marketing, decidiu que a imagem do Coronel Sanders da KFC parecia um pouco obsoleta e deveria passar por um retoque.

Bergren começou criando e testando uma nova imagem para o personagem, tornando-o um pouco mais jovem, um pouco mais forte e um pouco mais descolado. "Em um período muito curto", Bergren contou, "criamos uma imagem nova, muito moderna, de aparência incrível. Os clientes nos diziam que ela era perfeita". O projeto avançou e estavam começando a apresentar o novo coronel nos Estados Unidos quando Bergren percebeu que tinha se esquecido de um detalhe: a KFC não era apenas um negócio norte-americano. Ele não havia apresentado a ideia para os chefes das unidades de negócios internacionais da KFC, que tinham o logotipo antigo em suas lojas. "Vocês não podem imaginar a confusão que criei", admitiu. Ele teve de voltar para o começo e apresentar sua ideia, junto com toda a pesquisa na qual se baseou, para aquelas pessoas que havia deixado de lado. Tudo deu certo no fim das contas, e, atualmente, a nova imagem está presente nos restaurantes de todo o mundo, mas não sem muitas desculpas e recuos da parte de Bergren, que não só perdeu seu tempo, mas também correu o risco de perder sua credibilidade com aquelas pessoas. "Teria sido muito mais fácil se, desde o início, eu tivesse obtido a concordância de que aquele logotipo estava superado, em vez de tentar explicar depois o que tinha feito", Bergren afirmou. "Foi muito mais difícil. Errei feio."

✚ Assuma a cooperação como uma questão pessoal

Nos últimos vinte anos, tive o privilégio de aprender com diversos e renomados consultores especializados em mudanças. Basicamente, o que todos tinham a dizer acerca da cooperação se resume a isso: é preciso se certificar de que as pessoas entendam três coisas:

1. O que você quer que elas façam?
2. Qual será o benefício para elas?
3. Você também vai fazer isso?

> *Há um antigo provérbio indígena norte-americano: "Diga-me, e eu esquecerei. Mostre-me, e eu talvez não me lembre. Envolva-me, e eu entenderei".*
>
> – Tom Nelson, presidente e CEO da National Gypsum

É senso comum, mas, como disse antes (e acho que vale repetir), o problema com o senso comum é que ele não é tão comum assim. As pessoas vão aderir a seu objetivo quando o entenderem, quando souberem o que vão obter em troca e quando descobrirem que você está tão engajado nisso quanto elas. Só então elas se sentirão responsáveis de verdade em realizar sua parte.

✚ Insights e ações

AUTORREFLEXÃO

Avalie-se em relação aos seguintes itens abordados no Capítulo 8 – "Estratégia: obtenha cooperação"	**Oportunidade de melhoria**	**Ponto forte**
1. Envolvo minha equipe na definição de nossos objetivos, para que ela se sinta coautora.		
2. Detecto e enfrento conflitos em torno de prioridades básicas; não deixo os problemas se deteriorarem.		
3. Sei quem são os principais interessados em nossos desafios e entendo seus problemas e preocupações.		
4. Motivo a responsabilização em minha equipe, ajudando-a a entender o que ela precisa fazer e por quê.		
5. Compartilho abertamente informações com minha equipe acerca de nosso progresso.		

EXERCÍCIO

Procure alguns líderes que você admira e faça-lhes as seguintes perguntas:

- O que alimenta a resistência nas outras pessoas, e como você contorna a resistência?
- Quais práticas você utiliza para trazer à tona e gerenciar a falta de alinhamento em sua equipe?

9 Estrutura: Os recursos, a organização e o processo possibilitam a execução

Uma coisa é dizer que você quer fazer alguma coisa; outra é fazer. Definida a estratégia para seu Grande Objetivo, é preciso colocar a estrutura em funcionamento para torná-la realidade. Isso significa ter os recursos, a organização e os processos necessários para executar a estratégia. Juntos, esses fatores propiciam um arcabouço sólido que possibilita chegar aos resultados esperados.

Por exemplo, há alguns anos, quisemos expandir nosso serviço de almoço na Pizza Hut. Os clientes gostavam de vir a nossos restaurantes para jantar, mas não nos viam como opção viável de almoço por três motivos básicos: nossas pizzas eram muito grandes, custavam muito caro e demoravam muito para serem servidas. Era o oposto do cardápio rápido, fácil e de preço acessível que a maioria das pessoas procurava na hora de almoço do trabalho.

Para solucionar esses problemas de percepção, convocamos uma equipe com a missão exclusiva de desenvolver o horário do almoço. Sua primeira decisão foi lançar uma pizza individual a preço baixo. Isso resolvia dois dos três problemas detectados, mas ainda tínhamos de descobrir como assegurar que nossos restaurantes fossem suficientemente rápidos para atender o pico de público no almoço. Adotamos um processo que permitia aos clientes almoçar e voltar ao trabalho em tempo: oferecemos uma "garantia de cinco minutos", colocando uma ampulheta em cada mesa para cronometrar o tempo. Se os garçons não entregassem as pizzas aos clientes dentro desse prazo, tinham de lhes dar um cupom correspondente a uma pizza grátis. Esse processo não só seduziu os clientes como também incentivou a disciplina operacional na cozinha, pois ficou muito fácil medir se as expectativas eram correspondidas: bastava contar a quantidade de cupons distribuídos. Nossos franqueados, mesmo aqueles que não se empolgaram no início com o fato de implementar um novo processo em seus restaurantes, foram convencidos pelos resultados. A promoção foi muito apreciada pelos clientes, e dobramos nosso serviço de almoço.

✚ Recursos humanos: Como montar a equipe certa

A primeira coisa a fazer em termos de recursos é montar a equipe certa, com habilidade, conhecimento e capacidade necessários para alcançar seu objetivo. É um bom momento para revisar seu Mapa de Pessoas do Capítulo 1 e avaliar com quem está trabalhando nesse projeto. Você pode contar com todas as pessoas de que precisa para grandes realizações?

Para isso, você também vai querer recordar o que aprendeu a seu respeito no Capítulo 2. Quais são suas forças? Quais são suas fraquezas? Quais são seus pontos cegos? Com muita frequência, encontro equipes compostas por pessoas com o mesmo perfil. É uma tendência natural nos cercarmos de gente que se parece conosco, mas essa não é a melhor maneira de realizar grandes projetos. O que se deve buscar é uma equipe com forças *complementares*. Como Sylvester Stallone disse em seu papel como Rocky Balboa, quando perguntado por que o relacionamento com sua mulher, Adrian, funcionava tão bem: "Ela tem lacunas. Eu tenho lacunas. Juntos, preenchemos essas lacunas". Veja a seguir algumas ideias a levar em conta ao montar uma equipe voltada a grandes realizações:

PREPARAR UM SUPERMILK-SHAKE: Denomino uma equipe de pessoas com perfis complementares de "supermilk-shake". Você pega várias pessoas diferentes, coloca suas personalidades e talentos em um liquidificador, e o resultado é o milk-shake mais cremoso e saboroso que já experimentou. Jim Stengel me contou como fez isso quando era diretor de marketing global na P&G: "Sei do que gosto de fazer e conheço meus pontos fortes. Adoro lidar com consumidores, tratar de pessoas e conceitos, pensar grande. Não gosto dos inúmeros detalhes diários, minuto a minuto, aos quais é preciso atentar para administrar uma grande empresa ou função. Formei minha equipe com pessoas diferentes de mim, incluindo uma engenheira do MIT muito detalhista. Também trouxe uma especialista na área de compras, para me ajudar a tornar esse sistema mais eficiente. Agreguei um gerente financeiro porque queria mais estratégia nesse setor e mais visão financeira. Equilibrei minha equipe com profissionais que julgava ideais para chegar a nosso destino".

Na verdade, há três coisas em que se deve refletir para preparar esse milk-shake especial. Como Jim resumiu ao falar sobre a equipe que montou: "(a) tinham uma boa química juntos; (b) possuíam as habilidades de que precisávamos para avançar; (c) complementavam-me muito bem".

LEMBRE-SE, CADA EMPREGO É UMA CEREJA: Quando fui gerente de marketing na Pizza Hut, montei uma das equipes mais bem-sucedidas que já liderei, em Wichita, no Kansas. Na realidade, foi o sucesso daquela equipe que me ajudou a conseguir uma promoção para dirigir a área de marketing e vendas da Pepsi alguns anos depois. Quando ingressei na Pizza Hut, as pessoas me diziam que eu nunca conseguiria recrutar talentos de alto nível para um lugar como Wichita. Elas estavam enganadas. Contratei pessoas que depois exerceram cargos de alto nível em empresas como Subway, Capital One, McDonald's, Wendy's e JC Penney. Consegui fazer isso por causa do ambiente que criei. Todos nós queremos trabalhar em um local onde possamos crescer e aprender. Se você puder oferecer isso, atrairá profissionais talentosos, independentemente de sua localização.

David Cote, CEO da Honeywell International, começou sua carreira trabalhando no posto de gasolina do pai. Ele me disse: "Lembro-me de meu pai levando uma bronca de um cliente e, depois, desabafando comigo: 'Sabe, às vezes nos negócios e também na vida, você precisa engolir o orgulho'. Também me lembro dele dizendo: 'Escute, Dave, cuido de um posto de gasolina. Eles podem comprar gasolina em qualquer lugar. Tenho de prestar um ótimo serviço ao cliente'. Era minha função lavar os para-brisas, e meu pai me fazia sentir realmente orgulhoso de fazer esse grande trabalho de lavar os para-brisas. É engraçado como muitas dessas lições simples se perdem quando você vai trabalhar em uma empresa grande". Pode ter sido um início humilde, mas aquele posto de gasolina é onde Cote aprendeu diversas lições básicas que lhe serviram muito bem até hoje.

Você tem de considerar cada emprego que oferece como uma cereja e não se conformar com menos do que o melhor. Em outras palavras, cada emprego é uma oportunidade de aprender e ter sucesso no cargo em questão. Muitos líderes montam equipes de talento mediano porque não sabem como inspirar, como criar um ambiente de desenvolvimento ou como investir em seu pessoal. No entanto, os líderes que sabem fazer essas coisas podem atrair os melhores profissionais e esperar grandeza deles.

A capacidade que um líder tem de atrair, desenvolver e reter pessoas é fundamental para seu sucesso. Se você montar a equipe certa, vai obter resultados.

Ferramenta: "TER UM CÉREBRO COMPLETO"

Outra maneira de avaliar sua equipe é observar se, coletivamente, ela forma um "cérebro completo". Os dois hemisférios do cérebro humano são responsáveis por diferentes funções e modos de pensar:

Hemisfério esquerdo: *lógica, análise, ordem*

Hemisfério direito: *imagens, emoção, sentimentos*

Muitas pessoas tendem a utilizar um lado do cérebro mais do que o outro. As mais criativas possuem características controladas pelo lado direito, enquanto as demais são mais dominadas pelo lado esquerdo. Entretanto, para obter o melhor para seu negócio, você precisa de uma equipe de indivíduos que representem todos os aspectos do cérebro. Ao montar uma equipe, não deixe de incluir ambos os tipos. Procure pessoas que pensam de modo diferente e possuem forças e experiências complementares, em vez de similares.

© John O'Keeffe, BusinessBeyondtheBox.com

✚ Entenda e motive sua equipe

Após montar a equipe certa, você tem de saber como motivá-la. Quanto mais conseguir ler a mente dos membros de sua equipe, mais capaz será de influenciá-la de uma forma positiva. Veja a seguir três passos para entender o que motivará os membros de sua equipe.

1. Formule perguntas que promovam o insight: Se você quiser descobrir o que os membros de sua equipe pensam, a melhor maneira de começar é fazendo perguntas. As minhas favoritas são: (1) O que está funcionando? (2) O que não está? (3) O que vocês fariam em meu lugar? Em meu caso, essas questões levaram a muitos feedbacks sobre nossa necessidade de fazer mais para melhorar as operações dos restaurantes. Em consequência, recentemente formei uma equipe para estudar empresas que são conhecidas como grandes operadoras. Adotamos o que aprendemos e acabamos de lançar um programa denominado World Class Operations [Operações de excelência mundial]. Muitas pessoas também me disseram que gostariam de saber mais a respeito do que nossas marcas fazem em outros países. Então, criei um blog em que compartilho em tempo real o que vivencio durante minhas visitas ao redor do mundo, incluindo fotos de restaurantes, pessoas e características singulares de cada local. Além disso, quando promovo alguma alteração em resposta a um feedback, sempre enfatizo que "você pediu, você recebeu", para mostrar que valorizo a contribuição das pessoas.

2. Escute para entender: A forma mais poderosa de motivar as pessoas é escutá-las realmente, com plena atenção e a mente aberta. Quando estou prestes a pedir a opinião de alguém sobre algo, sempre me policio para não fazer prejulgamento e escutar até o fim. A pior coisa que se pode fazer é descartar uma ideia antes de refletir muito bem sobre ela. Acho que isso fica mais difícil quanto mais experiência se tem. À medida que temos mais conhecimento, mais tendemos a reagir dizendo coisas como "já tentamos isso" ou "já foi feito antes". Contudo, esse é um meio certeiro de liquidar o desejo de um indivíduo manifestar abertamente suas ideias ou opiniões. Desenvolver a reputação de ser o tipo de líder que escuta atentamente antes de tomar decisões é fundamental para ter uma legião de seguidores.
3. Atente para as diferenças de estilo: Você pode diagnosticar isso por conta própria ou usar ferramentas com inventários de "preferência de estilo" disponíveis no mercado, como Meyers Briggs, DISC (tipos diretivos, influenciadores, sustentadores ou contemplativos), ProScan PDP Behavior Assessment ou LSI (inventário de estilos de vida), para ajudá-lo a entender melhor cada membro de sua equipe. Se você duvida do mérito de ferramentas como essas, preste atenção na seguinte história que Jennifer Munro, presidente da EagleVision Performance Solutions, me contou. Ela utilizou o programa PDP ProScan para ajudar um CEO a encontrar um substituto para o cargo de presidente da empresa. Após avaliar o quadro de pessoal, Jennifer lhe disse que a única pessoa que realmente satisfazia os critérios para o cargo era a secretária dele. "Inicialmente, ele não ficou muito satisfeito com aquela opinião", ela me contou, "mas começou a prestar atenção no trabalho da secretária e lhe deu cada vez mais desafios. Ela fez tudo o que lhe foi solicitado e gostou de ver sua função ampliada". O CEO continuou a lhe atribuir mais responsabilidades e, em quatro anos, ela foi promovida a vice-presidente, depois, vice-presidente executiva e, em seguida, diretora de operações. Atualmente, ela é CEO de um dos grupos financeiros mais bem-sucedidos de seu estado. Às vezes, essas ferramentas podem nos

ajudar a perceber o potencial de pessoas que, de outra forma, talvez não percebêssemos.

✚ Organize seus recursos

Quantas vezes você ouviu alguém articular um objetivo ou uma visão de negócio, mas não investir recursos para alcançá-lo? O que isso indica? Indica que o objetivo nunca foi realmente prioridade máxima.

É arriscado quando isso acontece, por dois motivos: (1) A falta de recursos em relação a um objetivo dá às pessoas permissão de não enfocá-lo; e (2) Da próxima vez que você tiver um objetivo a ser alcançado, seu pessoal pode imaginar se não se trata de outro alarme falso. Você diz que algo é importante, mas foi o que disse da última vez, quando deixou de respaldá-lo. Se você não arregimentar recursos para realizar uma ação, como poderá esperar ser levado a sério? Por outro lado, se alocar o que é necessário para alcançar o Grande Objetivo, estará livre de qualquer pretexto para não persegui-lo.

Trata-se simplesmente de uma questão de investir dinheiro (e pessoal) onde você diz que é importante. Eis alguns exemplos de como organizar recursos para alcançar o Grande Objetivo.

CRIE NOVAS FUNÇÕES: Na Pizza Hut, Graham Allan, nosso CEO da Yum! Restaurants International, quis desenvolver um serviço de jantar informal e bebidas especiais, como smoothies, cafés e chás, mas não tínhamos conhecimento suficiente nessas áreas. Para ajustar isso, Graham recrutou pessoas de fora da organização que tinham essa expertise, incluindo alguém que ajudara a desenvolver um programa de bebidas muito bem-sucedido para um de nossos concorrentes.

DEFINA AS FUNÇÕES COM MAIS CLAREZA: Não faz muito tempo, decidimos descentralizar algumas de nossas atividades na Yum!, transferindo a responsabilidade para as próprias marcas, em vez de gerenciá-las na matriz. Mas não queríamos que essa reestruturação fosse desmotivadora ou causasse confusão. Anne Byerlein, diretora de recursos humanos, propôs o que denominamos Six Pillars of Yum! [Seis pilares da Yum!]. Esses pilares explicitam as principais responsabilidades de nossa matriz com o máximo de clareza, agrupando-as sob seis tópicos: estratégia corporativa, responsabilidades da empresa de capital aberto, gestão do desempenho, desenvolvimento de know-how para inovação, desenvolvimento de talentos e design e evolução da cultura.

CENTRALIZE OS RECURSOS: Nos últimos anos, a Yum! vem desenvolvendo um novo conceito de fast-food na China, denominado East Dawning [amanhecer oriental]. No entanto, surgiram dois problemas: muita variação dos produtos de um restaurante para outro e muito tempo gasto em seu preparo na loja. Investimos, então, em uma cozinha central que prepararia a comida para que fosse apenas finalizada nos restaurantes. Isso gerou mais eficiência e melhor controle de qualidade.

FAÇA O INVESTIMENTO FINANCEIRO NECESSÁRIO: Nos últimos anos, o JPMorgan Chase gastou centenas de milhões de dólares em sistemas de TI, o que possibilitou uma melhor comunicação com os clientes. Os dados coletados dos clientes tornaram-se uma grande vantagem competitiva. Em menor escala, na KFC dos Estados Unidos pretendíamos melhorar as operações e, assim, investimos em pessoal adicional para auditar nossos restaurantes com mais frequência. Essa prática não só deu aos gerentes dos restaurantes mais

> *Uma das coisas mais importantes a fazer em uma grande empresa é a seguinte: ser um catalisador de recursos. Por exemplo, tomamos a decisão de contratar mais mil representantes de vendas na China. Se eu tivesse de esperar cada área fazer seu orçamento, levaria cinco anos para realizar aquilo... Precisávamos andar rápido, e eu tive de utilizar meu talão de cheques e minha influência para agilizar aquela ação. Acho que a função de qualquer líder eficaz é romper barreiras organizacionais quando necessário.*
>
> – Jeff Immelt, presidente do conselho de administração e CEO da General Electric

feedback de como estavam se saindo em comparação aos outros e como podiam melhorar, ela também lhes mostrou quão prioritário aquilo era para nossa organização, o que os estimulou a intensificar seus esforços.

✚ Aloque processo e disciplina em torno do que importa

Certa vez, durante uma conferência de franqueados em Las Vegas, houve uma tempestade com raios e trovões. Todo o hotel ficou sem energia elétrica por alguns momentos até o acionamento do gerador. No entanto, o gerador não era suficiente para suprir todas as instalações. Adivinhe para onde esse recurso foi direcionado? Para as máquinas caça-níqueis. O restante do hotel ficou às escuras, mas as máquinas continuaram tilintando. Isso revela, de imediato, o que mais importava naquele negócio. Até na falta de energia, mantinham o cerne do negócio funcionando, alocando processo e disciplina em torno do que realmente importava.

Um líder eficaz entende qual é o cerne do negócio e aloca os processos certos para assegurar que ele funcione sem sobressaltos. Aqui estão alguns exemplos de como outras empresas fazem isso.

SINGAPORE AIRLINES: As comissárias de bordo são o elemento mais importante do negócio, pois têm o máximo de contato com os clientes. A empresa identificou exatamente quais qualidades deseja em suas aeromoças e desenvolveu processos de contratação complexos para garantir a escolha das pessoas certas.

TARGET: A maioria dos departamentos de marketing se concentra quase exclusivamente no cliente, mas os profissionais dessa área na Target dedicam 65% de seu tempo se comunicando com os próprios funcionários da empresa a respeito do que significa sua marca. Por quê? Como Michael Francis, diretor de marketing, disse: "No fim das contas, esse processo criou 315 mil embaixadores da marca que realmente entendem não só o que tentamos realizar do ponto de vista corporativo, como também levam em consideração e aplicam esse princípio em suas lojas".

PROCTER & GAMBLE: No passado, a P&G teve alguns problemas de crescimento, mas recentemente seus líderes conseguiram recuperar a empresa. Conversei com A. G. Lafley, que é um líder fenomenal, e lhe perguntei como a P&G conseguiu isso. Ele respondeu que foi porque a empresa desenvolveu praticamente uma religião em torno do poder da inovação e passou por uma reestruturação completa para transformar isso em seu foco. Por exemplo, foi desenvolvida uma arquitetura aberta, em que os funcionários podem compartilhar ideias a qualquer momento e em qualquer lugar. Também criaram um fundo de inovação corporativo para que, quando alguém quisesse desenvolver uma nova ideia, pudesse fazer isso imediatamente, sem ter de percorrer os tradicionais e prolongados processos de aprovação de verbas.

YUM! BRANDS CHINA: Em nossa organização, fixamos o objetivo de tornar os gerentes-gerais de restaurantes os líderes número um da empresa. O motivo é que eles formam as equipes que satisfazem nossos clientes. Sam Su, que dirige nossa divisão na China, estabeleceu os processos que dariam vida a esse conceito. Ele me disse: "O que significa realmente para o gerente-geral ser o número um? Isso não significa que a pessoa é importante, mas sim que sua função é de suprema importância. Sabemos

> *Não faz sentido falar sobre inclusão se não treinarmos as pessoas em inclusão. Então, colocamos inclusão no curso de nível um, de nível dois e de nível três, e a tornamos obrigatória. Deixou de ser optativa. Nossa experiência era a seguinte: as pessoas que já tinham consciência de diversidade eram as pessoas que faziam aquele curso. As pessoas que rejeitavam a diversidade nunca o faziam. Por isso, tornamos o curso obrigatório. Todos cursavam... Dessa maneira, alocamos dinheiro nisso, e, serei honesta com você, gastar todo aquele dinheiro logo de cara compensou muito, pois deu início a um movimento.*
>
> – Indra Nooyi, CEO da PepsiCo

que precisamos apoiar isso. Então, estruturamos tudo em torno disso. Fomos bastante específicos a respeito do coach de área (o supervisor de primeira linha, que gerencia de cinco a oito restaurantes), como ele usa o tempo no restaurante, e do próximo nível acima, que denominamos gerente distrital, qual é sua função, como ele dá suporte aos restaurantes. Atualmente, temos fóruns trimestrais e semestrais com os gerentes-gerais. Nesses encontros, eles são tratados como reis. As áreas funcionais envolvidas estão ali para dar respostas, e é bom que tenham boas respostas; caso contrário, sofrerão as consequências. Portanto, temos todos os tipos de instrumento para apoiar de modo específico (o conceito de que os gerentes-gerais são nossos líderes número um) e fazer acontecer".

✦ Utilize o padrão "Atropelado por um Ônibus"

Esse uso da frase veio de Jim Collins, que, para seu livro *Built to last* [*Feitas para durar*, Rocco, 2007], fez extensivas pesquisas em empresas que são bem-sucedidas não só por um curto período de tempo, mas por anos a fio. Uma das conclusões que ele compartilhou conosco foi que os líderes dessas grandes empresas de sucesso duradouro deixaram para trás o padrão "atropelado por um ônibus": se você fosse atropelado por um ônibus amanhã, sua equipe ou organização seria capaz de continuar sem sua contribuição? Elas seriam capazes de continuar a melhorar além de onde estão hoje?

Se sua resposta é positiva, você pode se considerar o que ele chama de "fabricante de relógios" em vez de "alguém que diz as horas". Este tem de estar presente para informar a todos que horas são, enquanto o primeiro fabrica um relógio, institucionalizando processos e disciplinas em torno do que realmente importa, para que as pessoas tenham recursos para saber as horas por si mesmas. Trata-se de uma distinção importante, pois é a chave para tornar seu negócio estável no longo prazo. Alguém que diz as horas tem todas as pessoas olhando para ele em busca de respostas, mas o que acontece quando ele não está por perto ou quando toma uma decisão equivocada? Em minha opinião, Hank Greenberg, ex-CEO da AIG, é um bom exemplo desse perfil. A empresa entrou em colapso após sua saída porque ele não tinha preparado o negócio para continuar em sua ausência. Isso não teria acontecido com um "fabricante de relógios".

Esses são os tipos de pergunta que você deveria se fazer agora. A esta altura, você comunicou sua visão para seu pessoal e definiu uma estratégia. Neste capítulo, você pensou em como alocar recursos e mobilizar a organização e os processos necessários em torno deles para fazê-los funcionar. Como um passo final, pergunte-se: essa estrutura funcionará em minha ausência? Se você tiver de estar presente para manter a empresa funcionando, então ela não está funcionando como deveria.

✚ Insights e ações

AUTORREFLEXÃO

Avalie-se em relação aos seguintes itens abordados no Capítulo 9 – "Estrutura: Os recursos, a organização e o processo possibilitam a execução"	**Oportunidade de melhoria**	**Ponto forte**
1. Cerco-me de pessoas que são mais capazes do que eu em áreas específicas.		
2. Envolvo-me pessoalmente na contratação das melhores pessoas para nossa equipe. Nunca me contento com o "razoavelmente bom".		
3. Utilizo toda oportunidade de alocação de pessoal para comunicar a importância da diversidade no fortalecimento de nossa equipe.		
4. Avalio constantemente se estamos estruturados e organizados para cumprir da melhor maneira nossas prioridades-chave.		

5. Trabalho para eliminar a burocracia e a ineficiência processual dentro de nossas equipes.		
6. Asseguro a disponibilização de mecanismos de acompanhamento em torno do que importa.		

EXERCÍCIO

Prospectando o futuro, que histórias você pode ouvir de si mesmo, ou de sua equipe, sobre os motivos pelos quais seu Grande Objetivo não foi bem executado? Escolha uma dessas histórias e formule as seguintes perguntas:

- Onde está a lacuna? É uma lacuna de recurso, organização ou processo?
- O que posso fazer *agora* para preencher a lacuna e colocar um fim na história?

10 ✚ Cultura: Torne "vencer juntos" uma grande ideia

A parte final do plano é sua cultura. Trata-se de um ingrediente decisivo, que muitos líderes se esquecem de levar em consideração. Ou simplesmente o ignoram. Muitos enxergam a cultura como a parte "leve" dos negócios, nem de perto tão importante como resultados "de peso" como estatísticas de vendas ou retornos financeiros. No entanto, ter a cultura certa, uma que gere energia positiva e sucesso, é fundamental não só para o sucesso de seu objetivo corrente, mas também para tudo que você e sua equipe querem alcançar no futuro. Uma grande cultura é o que permitirá a obtenção de resultados concretos e de modo consistente.

O que é cultura? Confesso que não gosto da palavra, pois me faz lembrar de cultura bacteriana. Na realidade, refiro-me aqui ao ambiente de trabalho. Como líder, que tipo de valores você projeta? Que tipo de atmosfera cria para sua equipe? É um ambiente no qual as pessoas ficam empolgadas para ir trabalhar todos os dias, sentem-se apoiadas e valorizadas e sabem que podem crescer? Há uma grande diferença entre aqueles que trabalham visando um objetivo porque estão sendo pagos para isso e os que trabalham visando um objetivo porque é uma experiência recompensadora. Essa diferença se manifesta nos resultados "de peso" com que todos nós nos preocupamos.

Como mencionei anteriormente, pouco depois de nossa cisão da PepsiCo, fizemos uma turnê de melhores práticas visitando algumas das empresas mais bem-sucedidas da época, como Home Depot, Target e General Electric. Um ponto em comum entre todas elas, ainda que setores muito distintos estivessem representados, era uma cultura sólida que permeava todas as funções e todos os níveis do negócio. Quando perguntamos aos funcionários de cada uma dessas empresas o que as tornava bem-sucedidas, eles não mencionaram processos operacionais nem produtos. Falaram sobre a cultura e o orgulho que sentiam de fazer parte dela. Números não dirigem um negócio, pessoas sim. E elas precisam dos aspectos supostamente "leves" que vêm de uma grande cultura de sucesso. Se você desenvolver a capacidade de seu pessoal primeiro, satisfará mais clientes, o que lhe trará mais dinheiro. Eis por que a cultura é a base de qualquer negócio ou equipe de sucesso. Está em suas mãos criar um espírito de equipe vencedor. É a matéria "leve" que impulsiona os resultados "de peso".

✚ O argumento a favor da cultura

A Southwest Airlines foi objeto de uma dessas visitas em melhores práticas, e, desde então, virei fã da empresa. Era um exemplo perfeito do tipo de cultura que eu queria criar, uma organização que colocava as pessoas em primeiro lugar, demonstrava grande energia e convidava seus funcionários a se divertirem enquanto faziam seu trabalho. O pessoal da Southwest Airlines acredita que "Funcionários felizes = clientes felizes. E clientes felizes mantêm a Southwest voando".

Se você é cético acerca da importância da cultura para seu negócio, analise este único exemplo. A cultura da Southwest é sua vantagem competitiva. Avalie os resultados tangíveis nas áreas críticas relativas ao crescimento do negócio que se originam disso, como retenção, recrutamento, satisfação do cliente e, em última análise, lucros.

RETENÇÃO: A Southwest tem o menor índice de rotatividade de pessoal do setor, ainda que a remuneração de muitas de suas funções seja inferior à das mesmas funções em outras companhias aéreas. Isso demonstra que as pessoas trabalham ali porque querem. Alguns estudos descobriram que dois dos maiores motivos pelos quais as pessoas deixam seus empregos são porque (1) não se sentem valorizadas e (2) não se entendem com o chefe. São motivos culturais, não financeiros.

A única coisa que temos é um ao outro. Nossa única vantagem competitiva são a cultura e os valores da empresa. Qualquer um pode abrir um café. Não temos tecnologia nem patentes. Tudo o que temos é o relacionamento fruto dos valores da empresa e o que oferecemos aos clientes todos os dias. E todos nós devemos incorporar isso.

– Howard Schultz, presidente do conselho de administração e CEO da Starbucks

RECRUTAMENTO: Em 2008, a empresa contratou 3,3 mil novos funcionários e recebeu 200 mil currículos para esses postos de trabalho. É mais do que sessenta candidatos por vaga. Números como esse indicam que a empresa terá profissionais competentes para preencher qualquer função.

SATISFAÇÃO DO CLIENTE: O índice de satisfação do cliente da Southwest bate o de qualquer outra companhia aérea, e isso acontece todos os anos há mais de uma década, conforme o American Customer Satisfaction Index [índice de satisfação do cliente norte-americano].

LUCROS: Tudo isso se traduz em um resultado final melhor. A empresa desfruta *36* anos consecutivos de crescimento do lucro.

✚ Como vencer juntos

Na Yum!, somos conhecidos por nossa cultura de reconhecimento. Com regularidade e em público, premiamos os funcionários, reconhecendo-os por seu bom trabalho. Mas nossos prêmios não são itens comuns, como uma placa ou uma caneta elegante. Cada líder escolhe a forma que seu prêmio terá: eu, por exemplo, escolhi galinhas de borracha flexível (que dava quando era presidente da KFC) ou chapéus em forma de queijo (quando na Pizza Hut). Também temos uma banda itinerante de reconhecimento, que toca quando alguém é premiado. Essas ações são apenas a ponta do iceberg quando se trata de como reconhecemos e valorizamos nosso pessoal. Fizemos aquela turnê de melhores práticas quando começamos, para aprender como desenvolver os princípios de que precisávamos para ter êxito. Atualmente, as empresas nos consideram uma referência em melhores práticas por causa de nossa cultura de reconhecimento.

Desenvolver uma cultura sólida não foi fácil, e houve muita resistência no início. Quando comecei a falar sobre os tipos de prêmio que queria distribuir, um executivo do Reino Unido me disse que eles não faziam esse tipo de coisa. Na China, me disseram que suas estruturas eram muito hierárquicas, ou seja, o pessoal lá simplesmente não entenderia.

Não mudei de ideia porque sempre acreditei que pessoas em toda parte são parecidas de certa maneira: todas querem crédito por suas realizações, todas querem ter seu trabalho valorizado e todas gostam de se divertir. Certa vez, eu dava uma palestra na Universidade de Pequim para um grande grupo de estudantes de administração, quando um deles me perguntou: "O que lhe dá direito de vir à China e impor a cultura ocidental sobre nós?". Respondi: "Já viajei para muitos lugares do mundo e, desde que comecei a vir para cá, há dez anos, conheci muitos chineses. O que descobri é que os chineses gostam de se divertir e ser reconhecidos, exatamente como todas as outras pessoas". Não sei se ele acreditou em mim, mas fui aplaudido de pé por todos os seus colegas.

Nosso programa de reconhecimento é um dos fatores que nos diferencia das outras empresas e faz sucesso em todo o mundo, mesmo nos lugares onde me disseram que não funcionaria. Shirley Kunamoto, que na época supervisionava nossa equipe de apoio aos restaurantes corporativos, perguntou para uma gerente-geral chinesa, Ying Ling, se podia ver o prêmio Yum! que eu tinha dado a ela (meu prêmio como presidente do conselho de administração é uma dentadura de plástico sorridente, montada sobre pernas, para os maníacos pelo cliente).

Ying Ling disse que não, Shirley não poderia ver o prêmio, pois era tão importante para ela que o havia guardado no cofre do pai.

Na Yum!, criamos uma lista de princípios denominada "Como vencer juntos", que é a base de nossa cultura. Esses princípios sempre devem satisfazer certos critérios:

1. São pertinentes para seu negócio?
2. Fazem as pessoas se sentirem valorizadas?
3. Fazem as pessoas se sentirem felizes com seu trabalho a ponto de se perguntarem: *Por que eu ia querer trabalhar em outro lugar?*
4. Inspiraram as pessoas a satisfazer os clientes e alcançar resultados?

A seguir, leia nossos princípios culturais de "Como vencer juntos" e pense em como pode adaptá-los para seu negócio ou equipe; ou, então, crie seus próprios princípios, desde que satisfaçam os quatro critérios listados. Pergunte-se: o que estou fazendo para criar um ambiente positivo para meu pessoal?

Como vencer juntos

Acredite em *todas* as pessoas

Confiamos nas intenções positivas e acreditamos que todos têm o potencial de fazer a diferença.

Buscamos de maneira ativa a diversidade dos outros para expandir nosso pensamento e tomar a melhor decisão.

Orientamos e apoiamos todas as pessoas para que elas atinjam sua capacidade plena.

Sejam maníacos por restaurantes e clientes... *Agora!*

Gostamos de administrar excelentes restaurantes, e nossos clientes dão as ordens. Atuamos com premência para assegurar que todo cliente veja e sinta isso em cada loja. Nós nos empenhamos para ter grandes gerentes-gerais, capazes de formar grandes equipes. Somos maníacos pela execução rigorosa de nossos processos básicos para que possamos oferecer nosso Padrão de Qualidade. É a base para dar vida à obsessão pelo cliente.

Busque a inovação

Começamos nos perguntando: "O que posso fazer *agora* para obter resultados inovadores em minha unidade da Yum!?". Nossa intencionalidade impulsiona o foco em mudanças significativas. Imaginamos a magnitude que algo pode alcançar e trabalhamos do futuro para o presente, avançando com energia positiva e comprometimento pessoal para tornar isso realidade.

Desenvolver know-how

Crescemos sendo aprendizes ávidos, buscando o conhecimento e as melhores práticas dentro e fora de nossa empresa. Procuramos a verdade em detrimento da harmonia em cada etapa do processo. De maneira consistente, impulsionamos a execução fora de série, transformando aprendizados em processos e canalizando ferramentas para o que mais importa. As inovações surgem quando levamos pessoas com conhecimento a pensar de modo criativo.

Trabalho em equipe do tipo "vamos conquistar a colina"

Trabalhamos em equipe para impulsionar ação *versus* atividade. Discutimos o indiscutível, sempre promovendo debates saudáveis e tomando decisões saudáveis. Mantemos um relacionamento que nos permite cobrar o máximo empenho uns dos outros. Fazemos contratos verbais específicos para realizar grandes projetos com urgência e excelência.

Reconheça! Reconheça! Reconheça!

Atraímos e retemos os melhores talentos. Inspiramos grandeza e somos famosos mundialmente por nossa cultura de reconhecimento. Gostamos de celebrar o feito dos outros e nos divertimos muito com isso.

✚ Cultura não é acaso

Uma grande cultura não acontece por acaso. Deve ser construída deliberadamente. É missão de cada pessoa da organização criar uma cultura positiva e convertê-la em uma grande ideia; é função do líder assegurar que todos entendam e acreditem nisso.

Como fazer isso? Primeiro, você tem de saber realmente o que defende. Depois, deve comunicar isso. E, finalmente, precisa repetir, repetir e repetir, para inculcar a mensagem.

Eis algumas maneiras de dar vida a sua cultura:

CRIE EXPERIÊNCIAS COMPARTILHADAS: Todos os funcionários da Yum! fazem o curso Achieving Breakthrough Results que mencionei anteriormente. As ferramentas utilizadas neste livro, por cortesia de John O'Keeffe, são ensinadas a todos os novos funcionários, em todos os centros de apoio aos restaurantes. Passar pelo mesmo treinamento torna-se uma experiência compartilhada para todo o pessoal em nossa grande empresa; um conhecimento compartilhado porque todos aprendem com base no mesmo material; e uma linguagem compartilhada porque todos entendem e utilizam os termos do programa. Isso é importante para as pessoas se sentirem parte de algo. Outra coisa que fazemos para desenvolver esse senso de cultura compartilhada é realizar periodicamente encontros abertos, que são um fórum para nosssos funcionários formularem perguntas ou expressarem suas opiniões a respeito do que acontece na empresa.

CONTINUE CRIANDO NOVAS MEMÓRIAS: Não se pode contar apenas com as experiências compartilhadas no ano anterior. É preciso manter esse espírito vivo e ficar alerta para momentos do tipo "nostalgia". Quando eu trabalhava na PepsiCo, visitei uma unidade de engarrafamento que tínhamos comprado cinco anos antes, e uma das primeiras coisas que percebi quando entrei foi um armário de troféus com placas de Funcionário do Mês. A mais recente era de 1988. Estávamos em 1993. Eu disse: "Vocês não quiseram premiar ninguém nos últimos cinco anos? Nesse caso, deveriam jogar fora esse armário, pois é realmente deprimente".

Quanto mais eu conversava com o pessoal ali, mais eu entendia o que acontecera. Em 1988, a PepsiCo assumira o controle da fábrica. Antes disso, havia piqueniques familiares, festas nos feriados etc. As pessoas me diziam: "Lembro-me de quando costumávamos fazer isso e aquilo". A nostalgia pelos velhos tempos era palpável. E um grande problema. Aqueles funcionários tinham sido tão mais felizes trabalhando para os antigos donos que isso agora afetava seu desempenho. E quem podia culpá-los? Para mudar esse cenário, pedi para a administração da fábrica desenvolver um plano de reconhecimento mensal e trazer de volta uma atmosfera familiar. Isso foi feito.

Cabe ao líder assegurar que momentos memoráveis aconteçam. Por exemplo, em 2007, levamos os 300 principais líderes da Yum!, junto com seus cônjuges, ao Havaí, para uma semana de celebrações pelo sucesso atingido e para discussões sobre como continuar avançando no futuro. Essa viagem foi comentada durante anos. E, assim, esses líderes não tiveram de contar somente com as memórias dos bons tempos passados: dei-lhes algo a que aspirar. Prometi que voltaríamos em cinco anos, se alcançássemos nossos objetivos de desempenho, o que aconteceu. Atualmente, estamos planejando outra viagem para o Havaí, com o mesmo grupo de líderes.

> *Se pudéssemos comprimir aquele espaço que parece haver entre eu, aqui no alto e você, ai embaixo... Se pudéssemos simplesmente evaporar tudo isso em um nós, em vez de você e eu, acho impossível imaginar a força que seria desencadeada. Cada um quer ser um vencedor. Cada um quer voltar para casa e dizer: "Eu consegui". O desafio para nós, como líderes, é ajudar as pessoas a alcançarem esses objetivos.*
>
> – Ken Langone, cofundador da Home Depot

PROJETE A IMAGEM CERTA: nenhuma cultura cria raízes sem que o líder a adote primeiro. Assuma o que diz. Lembre-se: um líder está sempre em evidência. Ele está sempre em observação porque as pessoas querem verificar se suas ações correspondem às intenções. Modele os princípios de sua cultura e reconheça quando outros os colocam em prática. Rob Savage, diretor de operações da Taco Bell, concede um prêmio semanal para um gerente diferente que tenha aplicado as ferramentas aprendidas no curso Achieving Breakthrough Results

> *É importante que as pessoas saibam o que você defende em sua organização. Antes de alguém ser contratado, falamos sobre nosso credo. Em tudo o que fazemos em nosso negócio, falamos disso. Não começamos uma apresentação sem isso. Acho que é muito importante reconhecer quem somos, o que defendemos. É realmente importante ter um pessoal que se organize em torno disso. Em qualquer lugar do mundo onde há uma unidade da J&J, é possível ver nosso credo pendurado na parede, em qualquer idioma. Isso me faz dormir bem à noite, pois sei que todos os nossos funcionários realmente adotam as mesmas prioridades, seguem as mesmas responsabilidades e fazem seu trabalho de maneira a nos orgulhar.*
>
> – Bill Weldon, presidente do conselho de administração e CEO da Johnson & Johnson

para impulsionar os resultados em seu restaurante. Depois, ele comenta com os outros executivos o sucesso desse gerente. Dá muito trabalho para Rob manter esse programa semanal, mas o fato de ele realizá-lo transmite uma mensagem poderosa. Revela que ele se importa com as pessoas, que se preocupa com os resultados e que está bastante atento a ambos.

ESCOLHA A PESSOA CERTA: Jim Collins, autor de *Good to great* [*Empresas feitas para vencer*, HSM Editora, 2013] pesquisou exaustivamente o tópico da cultura corporativa e afirma que as grandes empresas possuem uma que se assemelha a uma seita. E esse tipo de cultura é autosselecionadora. Para isso, quando você formar sua equipe, quando entrevistar novos funcionários, quando avaliar o desempenho de seu pessoal, a cultura deverá ser sempre um fator-chave. Você não pode deixar de pensar: como essa pessoa se encaixa em nossa cultura?

Ao entrevistar Collins, ele me explicou o seguinte: "Há uma pergunta-chave: como fazer o pessoal compartilhar seus valores básicos? E o que aprendemos é que as grandes empresas procuram não selecionar pessoas que não compartilhem seus valores básicos para convertê-las à religião – elas encontram indivíduos que tenham predisposição para seus valores e os desenvolvem". Por esse motivo, quando entrevisto candidatos, sempre deixo claro no que acreditamos. Digo-lhes francamente que um dos grandes motivos pelos quais alguém não durará em nossa empresa é porque não demonstra crença em todas as pessoas.

TRANSFORME A CULTURA EM HERÓI: por fim, lembre-se de alardear sua cultura. Quando sua equipe tiver êxito, mostre como a cultura contribuiu com o sucesso. Por exemplo, quando realizo uma reunião com nosso Restaurant Support Center [centro de apoio aos restaurantes], posso cumprimentar os membros da equipe do departamento de TI por um excelente trabalho em equipe do tipo "vamos conquistar a colina" na solução de um difícil problema de tecnologia. Ou, quando visito uma de nossas unidades de negócios, posso agradecer os membros da equipe de marketing por buscar inovação em um novo programa bem-sucedido. Em visita a um restaurante, posso recompensar alguém que vejo prestar um grande serviço ao cliente por ser maníaco por restaurantes e clientes... In loco! Faço isso da maneira mais pública possível, não só para que as pessoas que saúdo se sintam valorizadas, mas também para reforçar a ideia de que nossa cultura está ajudando a organização a obter grandes resultados.

Ferramenta: "EM QUE ANDAR VOCÊ ESTÁ NO ELEVADOR DO ESTADO DE ESPÍRITO?"

Um ambiente positivo é muito importante para ajudar as pessoas a ambicionar o *sucesso*, em vez de apenas sobreviver até o fim do dia. As pessoas prestam atenção em cada movimento de um líder. Nosso estado de ânimo afeta como vemos o mundo, como nos relacionamos com os outros e como somos receptivos a novas ideias. Senn Delaney utiliza um modelo gráfico que denomina "elevador do estado de espírito". Estar no topo do elevador lhe dá a melhor chance de tomar boas decisões para sua equipe e seu negócio. Considere isso parte importante de seu trabalho.

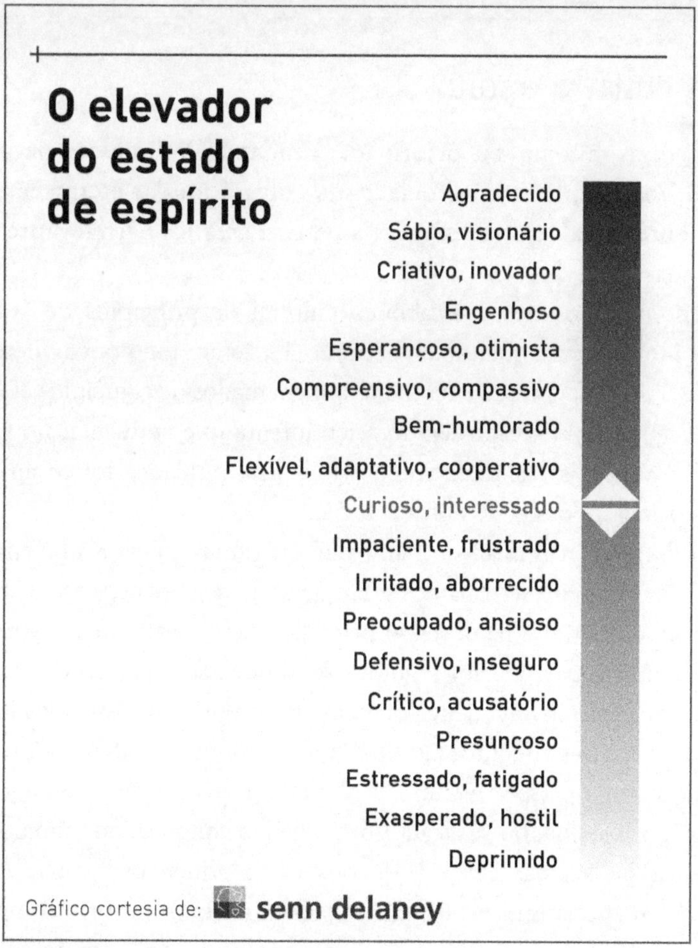

Perguntas para você se fazer

1. Neste momento, em que andar estou no elevador do estado de espírito?
2. Em que andar eu acho que os outros me colocariam?
3. Na última vez que tive um conflito com alguém de minha equipe, em que andar imagino que estava no elevador? Como aquilo pode ter afetado minhas interações com aquela pessoa?
4. Quais atitudes posso tomar para melhorar rapidamente meu estado de espírito quando percebo que ele está azedando?
5. O que preciso pensar ou trabalhar no longo prazo para melhorar meu estado de espírito geral?

✚ A cultura evolui

As coisas mudam. As prioridades mudam. O clima dos negócios muda. Você também deve deixar sua cultura mudar e crescer organicamente, para que não comece a parecer estática e irrelevante para as pessoas.

Denominamos nosso arcabouço cultural de princípios de "Como vencer juntos", mas, quando começamos, eles eram um pouco diferentes do que são agora. Naquele tempo, eram chamados de princípios "Como *trabalhar* juntos". Recapitulando a ferramenta que apresentei no Capítulo 6, "Mostre a realidade como ela é", essa mudança foi como definimos o "segundo set" de nossa cultura.

Ao fazermos a mudança, mantivemos algumas coisas e adicionamos outras. No primeiro set, falamos sobre nossa crença nas pessoas, na ênfase no reconhecimento e na obsessão pelo cliente. No segundo set, a fim de levar a empresa para a etapa seguinte, senti que era importante adicionar princípios de desenvolvimento de know-how, busca de resultados inovadores e trabalho em equipe do tipo "vamos conquistar a colina", que se origina de uma perspectiva militar segundo a qual se vence uma guerra batalha por batalha, ou se alcança um objetivo conquistando uma colina por vez. (Nas páginas 159 e 160, consulte os princípios "Como vencer juntos", para obter uma explicação de cada um deles.) Também compartilhei com você como, ao longo do caminho, mudei de "foco no cliente" para "obsessão pelo cliente", para agregar ênfase a um conceito que me parecia que não levávamos suficientemente a sério.

O fato de que as culturas mudam não implica sacrificar a consistência de seus valores básicos. Toda cultura deve incluir certas crenças sólidas que as pessoas apoiam, aconteça o que acontecer. São elas que as orientarão em tempos difíceis. Em nosso caso, a ideia de que acreditamos em todas as pessoas e de que colocamos a capacidade delas em primeiro lugar sempre nos orienta. Ao mesmo tempo, porém, já afirmei que é preciso avaliar constantemente a realidade de seu negócio e identificar os assuntos inacabados. Isso pode afetar as prioridades de sua cultura. Você pode permanecer fiel a seus valores essenciais, mas mudar sua ênfase de vez em quando para ajudar a manter as pessoas no rumo certo e assegurar que sua equipe passe à etapa seguinte.

Um banco de investimentos é um negócio de alto risco, movido pelo dinheiro. E não se ajustava a nossas preocupações de fazer a coisa certa para a marca e para o cliente. Por isso, decidimos sair do ramo. Recuamos, retomamos o negócio principal, voltamos a lidar com os produtos de antes: cartões, viagens, cheques de viagem, segurança e confiança para as pessoas em casa e longe dela, possibilidade de viajar pelo mundo e fazer o que quisessem. Ou seja, isso é basicamente em que consiste a American Express, e o que a empresa representa.

– Jon Linen, consultor do presidente do conselho de administração da American Express Company

✚ O princípio da "pessoa em primeiro lugar" não significa padrões baixos

Como palavra final, desejo esclarecer uma preocupação comum que as pessoas têm sobre a cultura: adotar uma cultura que coloque as pessoas em primeiro lugar não significa sacrificar o desempenho. Pelo contrário, ser um líder eficaz significa desenvolver constantemente as capacidades de seu pessoal. Para isso, é preciso tomar decisões difíceis a respeito de quem ajuda a melhorar o nível de desempenho geral da equipe e de quem pode retardá-lo. Na Yum!, anualmente, 10% dos funcionários de pior desempenho acabam saindo da empresa.

Não chamamos muita atenção para esse fato porque acreditamos que é muito mais eficaz motivar as pessoas de maneiras positivas, em vez de lhes incutir o medo de perder o emprego. Ninguém gosta de demitir alguém, mas você tem de pensar em *todo* seu pessoal. Que tipo de mensagem se transmite para aqueles que contribuem com a empresa quando se faz vista grossa para os que não fazem isso? Na realidade, pedir aos ineficientes que procurem outro emprego é uma atitude que apoia nossos valores culturais, pois o pessoal que permanece sabe que conquistou seu espaço.

Em conversas com outros altos executivos e CEOs, escuto frequentemente que algumas das piores decisões que tomaram em suas carreiras consistiam em esperar tempo demais para substituir pessoas que não tinham se adaptado a suas organizações.

Na Yum! levamos a sério o processo de revisão de planejamento de pessoal, pois ele nos ajuda a assegurar que recompensamos as pessoas certas e elevamos o nível daqueles que precisam de um empurrão extra. Todos os anos, avalio pessoalmente seiscentos de nossos líderes, examinando os resultados que eles geraram e *como* fizeram isso, ou seja, com que eficácia colocaram em prática nossos princípios culturais. Sem dúvida, é preciso exibir resultados mensuráveis para ser promovido, mas ninguém obtém uma promoção em nossa organização sem ter também demonstrado que pode ajudar a desenvolver as capacidades de sua equipe.

✚ Insights e ações

AUTORREFLEXÃO

Avalie-se em relação aos seguintes itens abordados no Capítulo 10 – "Cultura: Torne 'vencer juntos' uma grande ideia"	**Oportunidade de melhoria**	**Ponto forte**
1. Com frequência, falo sobre cultura como um capacitador fundamental de nosso sucesso.		
2. Crio experiências compartilhadas para minha equipe que apoiam e desenvolvem nossa cultura.		
3. Trato todos os membros da equipe de modo que se sintam valorizados.		
4. Trabalho com empenho para assegurar que minhas palavras e minhas ações estejam sempre alinhadas.		
5. Cobro de minha equipe a responsabilidade de cumprir os princípios subjacentes de nossa cultura.		

EXERCÍCIO

Ao pensar no Grande Objetivo, quanto tempo e esforço você dedica para:

Estratégia ___________

Estrutura ___________

Cultura ___________

100%

Você está satisfeito com isso? Caso contrário, o que poderia fazer de forma diferente para alterar a alocação de seu tempo?

✚ Download de aprendizagem da Parte II: Tenha um plano

- Todo líder precisa de um plano para realizar grandes projetos, e um plano eficaz possui três partes básicas: Estratégia, Estrutura e Cultura. Além de ser importante cumprir cada aspecto, também é necessário avaliá-los nessa ordem.
- **A melhor maneira de decidir para onde conduzir as pessoas é começar a entender plenamente a realidade de seu negócio no momento atual. Compartilhe esse entendimento com aqueles que você lidera, descrevendo-lhes a real situação.** As pessoas valorizarão o fato de que você confia o suficiente nelas para ser honesto acerca da verdadeira situação em que estão.
- Imagine como será o futuro se seu Grande Objetivo for alcançado. Você criará um plano melhor para chegar a seu destino, se começar com uma **visão instigante do futuro. E as pessoas que você lidera ficarão mais propensas a ajudá-lo a concretizar sua visão, se puderem dar contribuições e ideias. Lembre-se: sem contribuição não há comprometimento.**
- **O alinhamento em relação aos objetivos e aos planos para alcançá-los resulta de envolver as pessoas no processo de decisão sobre o que e como fazer, e não de lhes dizer o que precisa ser feito.**
- **Se você não respaldar o plano para alcançar o Grande Objetivo alocando os recursos necessários,** as pessoas não acreditarão que você realmente se importa em alcançá-lo, e, evidentemente, você não será capaz de alcançá-lo.
- **Uma cultura em que todos vencem juntos** vai tornar possível para você e sua equipe alcançar esse ou qualquer outro Grande Objetivo. Motivar as pessoas de verdade requer um ambiente positivo de trabalho, onde todos os membros sabem de sua importância e se sentem valorizados e respeitados.
- Para refletir mais sobre essas lições e colocá-las em prática, revise suas respostas às perguntas dos Exercícios e das Autorreflexões no fim de cada capítulo. Em seguida, responda às seguintes pergun-

tas, que o ajudarão a determinar onde você precisa concentrar seus esforços ao máximo no desenvolvimento de suas habilidades como líder.

- O que mais o surpreendeu durante a leitura dos capítulos da Parte II – "Tenha um plano"?
- Entre os itens que o surpreenderam, cite dois ou três que, se fossem desenvolvidos, teriam o maior impacto sobre seu Grande Objetivo.
- O que você começará a fazer de maneira diferente amanhã como resultado do que aprendeu na Parte II?

Como no "Download de aprendizagem" anterior, as histórias a seguir são de pessoas que participaram de meu curso de liderança e encontraram dificuldades para maximizar seus potenciais em áreas específicas. Espero que você se inspire com a atitude que Cristina, Al e Steve tomaram a respeito do que lhes era difícil.

CRISTINA SOBRE "MOSTRE A REALIDADE COMO ELA É"

Vim de uma empresa – não vou mencionar o nome – onde não se davam más notícias e onde nunca se admitiam seus erros. Aquele que admitisse perderia o emprego, simples assim. Quando vim para cá, tive dificuldade de falar a verdade nua e crua, pois fui condicionada a "dourar a pílula". Mas, diversas vezes nas reuniões, alguém me desafiava, me perguntava se o que eu dizia era realmente toda a história e, nesse caso, se eu podia respaldá-la com dados reais. Inicialmente, isso me incomodou, mas também me fez pensar de maneira diferente. Aos poucos, comecei a compreender o poder de ser direta e honesta, de expor os problemas *antes* de ser questionada a respeito deles. Ainda que difícil no início, admitir isso deu mais foco à minha equipe. Além disso, acredito que as pessoas aprendem melhor com os erros do que com os acertos. De maneira intuitiva, acho que eu sabia disso. No entanto, eu tinha de alinhar meu comportamento àquilo que eu intuía. Fico feliz que as pessoas tenham se disposto a chamar minha atenção sobre como eu agia.

AL SOBRE "CRIANDO UMA VISÃO"

Minha equipe era responsável por lançar em nível nacional um novo conceito de alimento, mas estávamos realmente no estágio inicial. Havia *muito* trabalho a fazer e um longo tempo a dedicar. Para motivar e conectar emocionalmente as pessoas com a ideia, apresentei-lhes esta visão do que seria o sucesso final: "Imaginem que daqui a dois anos vocês estão no Super Bowl, assistindo à partida com seus amigos, e um comercial de nosso novo produto é exibido. Fizemos um trabalho tão competente que mereceu uma propaganda no Super Bowl. Como vocês se sentiriam ao dizer para seus amigos: 'Fiz parte disso. Ajudei a fazer as coisas acontecerem'?". Os membros da equipe começaram a imaginar o comercial, quem poderia participar dele, qual seria o gancho. Realmente, essa visão conseguiu fixar a atenção deles no resultado e fez suas mentes trabalharem para alcançá-lo.

STEVE SOBRE "OS RECURSOS, A ORGANIZAÇÃO E O PROCESSO POSSIBILITAM A EXECUÇÃO"

Sou um grande motivador de pessoas, mas não sou muito bom em processos. Não foi fácil chegar a essa conclusão. Se eu estivesse no ramo da construção civil, por exemplo, eu seria o tipo de profissional que você chamaria para supervisionar os operários e mantê-los na linha. Mas, se não quisesse que o edifício desabasse, outra pessoa teria de criar o projeto estrutural. Posso monitorar planos melhor do que ninguém, mas não conte comigo para criá-los.

Em consequência disso, trabalhei durante anos em parceria com uma pessoa que é incrível em processos e organização. Acredito firmemente que não estaria onde estou hoje em minha carreira se não a tivesse a meu lado. Na verdade, tive de sacrificar uma promoção para continuarmos na mesma equipe. Sei quais são meus pontos fracos, e isso me permitiu valorizar alguém como meu parceiro, cujos pontos fortes são bem diferentes dos meus.

parte três

PERSISTA PARA OBTER RESULTADOS

Há alguns anos, nossa empresa fez um estudo sobre a capacidade de nossos 300 principais líderes, e a área em que eles apresentavam maior deficiência era a da persistência. Não creio que nossa organização esteja sozinha nisso. A maioria das pessoas se empolga com novas ideias, mas, em seguida, perde o interesse, desvia-se do rumo e não as executa. Contudo, vou lhe contar um segredo: se você é uma dessas pessoas que gosta de começar projetos, mas se desanima na execução, está perdendo algumas das maiores diversões e alegrias que se pode ter no mundo dos negócios. Se estiver fazendo o que deveria e motivando as pessoas, quando sua equipe conduzir seu Grande Objetivo até o fim, você terá o privilégio de fazer parte do sucesso alheio. Sem dúvida, *você* terá tido êxito, mas também todos aqueles a quem mobilizou. A expressão de orgulho dos que alcançam algo que não tinham certeza se conseguiriam é uma recompensa subestimada no meio empresarial.

Para obter os resultados desejados, é preciso persistir com intensidade diária. Jack Welch me falou sobre "o incessante rufar dos tambores do desempenho". A firme consciência do que precisa ser feito e a energia para concretizá-lo são fundamentais para todo líder. Igualmente essencial é atribuir a cada um sua própria responsabilidade.

Steve Reinemund, que me contratou para ser o chefe de marketing da Pizza Hut, tinha um pequeno bloco de anotações que carregava para todos os lugares. Ele anotava tudo o que queria lembrar. Quando pegava o bloco e começava a escrever após conversar comigo, eu sabia que receberia uma ligação ou um bilhete dele nos próximos dias. Jamie Dimon,

CEO do JPMorgan Chase, é outro líder que me impressiona por sua tenacidade à ação. Ele não carrega um bloco de anotações, mas sim uma folha de papel. Em um lado, lista o que precisa realizar naquele dia; no verso, o que precisa cobrar dos outros. É curioso observá-lo quando cumpre algo daquela lista. O item não é apenas riscado, mas sim todo pintado até ficar ilegível. Sem dúvida, a persistência é algo que tem importância para essas pessoas.

Andy Pearson costumava usar uma técnica interessante para motivar a persistência. No fim de qualquer apresentação, primeiro ele perguntava: "E daí?", visando extrair a ideia central e esclarecer o propósito principal do que acabava de ser discutido. Em seguida, indagava: "E agora?". Não existiam apresentações puramente informativas no que dizia respeito a Andy. Aquele "e agora?" era sua maneira de dizer que você precisava associar uma ação ao que tinha acabado de apresentar, e ele queria saber quais seriam essas ações. Andy entendia que era sua missão como líder estimular as pessoas com desafios como aqueles.

Larry Senn nos ensinou algo denominado "escada da responsabilização", para promover a noção de responsabilidade pessoal. No pé da escada encontra-se alguém sofrendo de completa desatenção; alguém que nem sequer sabe o que está errado ou o que precisa ser feito. No próximo degrau acima está aquele que culpa os outros pelo que não deu certo. Os degraus ideais estão no topo, onde um indivíduo assume responsabilidade por encontrar soluções para um problema e, em seguida, passa a executá-las. Trata-se de uma fantástica maneira de refletir sobre seu papel como líder: sempre querer subir essa escada, junto com seu pessoal.

Quando assumi a função de diretor de operações da PepsiCo, só tinha ocupado cargos em marketing até aquele momento e sabia pouco sobre operações. Na verdade, pleiteei o cargo porque queria aprender mais. Eu pretendia ser presidente de uma marca algum dia e, para chegar lá, precisava de algum conhecimento e experiência na área operacional. Quando comecei, tive de contar não com meu know-how de operações, mas com meu know-how de pessoas. Sabia escutar as pessoas e era competente em diagnosticar problemas e encontrar a expertise necessária para solucioná-los.

Um meio de aprender que encontrei foi visitar nossas unidades de engarrafamento e conversar com seus funcionários – não só o pessoal administrativo, mas também os vendedores externos e os responsáveis pelo depósito. Uma dessas instalações ficava em Baltimore e era denominada "Forte Apache" porque se situava em uma área bastante violenta. Era o tipo de lugar que, chegando perto, podia-se ver buracos de bala no letreiro da Pepsi.

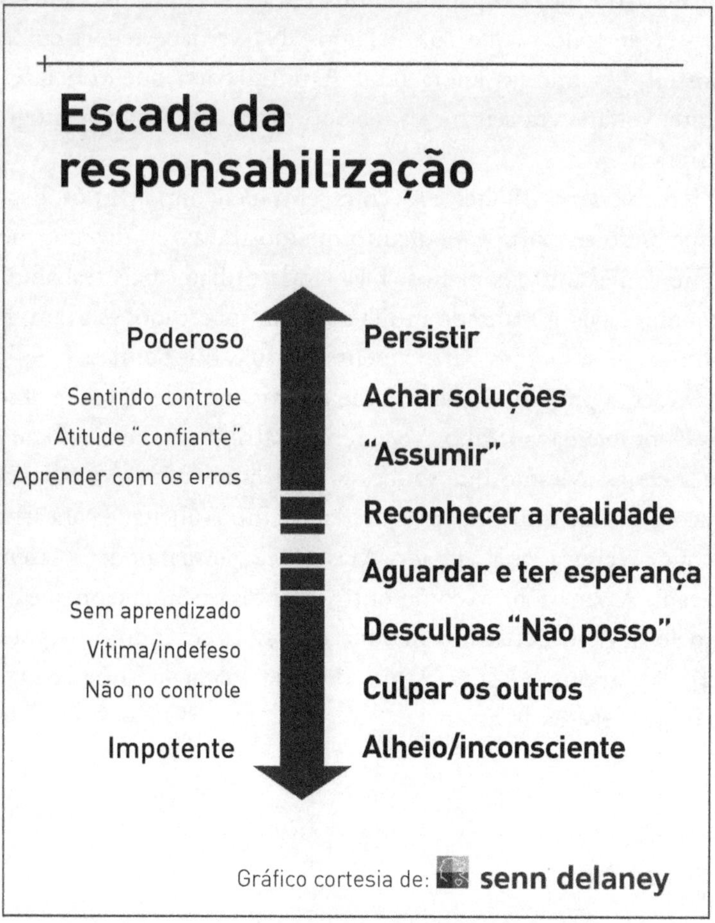

Entrei e tive minha reunião habitual com a equipe. Comecei perguntando o que estava dando certo ali. "Nada", eles responderam. "Tudo bem", eu disse, "então, como esse lugar pode ficar mais eficaz?" Bem, as comportas se abriram depois disso. Alguns disseram que não tinham todos os equipamentos necessários; outros revelaram que demorava muito para os caminhões de entrega serem liberados pela manhã. Eles continuaram falando até que um finalmente disse: "Você parece um bom sujeito. O que vai fazer a respeito de tudo isso?". Isso fez todos se calarem. Eles se viraram em minha direção e esperaram.

"Nada", eu disse. "Absolutamente nada. Vocês é que vão arrumar tudo isso. Vou trazer o gerente industrial aqui e, juntos, vamos fazer uma lista de tudo o que conversamos. Na verdade, eu já comecei." E mostrei-lhes minhas anotações. "A única coisa que vou fazer é a seguinte: voltarei em seis meses, e vocês vão me mostrar os progressos que fizeram."

Seis meses depois, voltei, e foi como entrar em outra fábrica. Estavam me esperando na porta e, enquanto me mostravam as diversas melhorias, me contavam seus planos. Eles ainda tinham mais trabalho pela frente, mas haviam realizado muita coisa. E, sobretudo, estavam muito orgulhosos de si mesmos; era evidente em suas fisionomias.

Às vezes, a pior coisa que se pode fazer como líder é tentar resolver todos os problemas sozinho. Você tem de atribuir responsabilidades às pessoas certas. Mesmo que soubesse tudo que havia para saber sobre operações, eu não ficaria naquela unidade tempo suficiente para arrumar tudo que precisava ser arrumado. Mas aquele pessoal poderia fazer isso. E fizeram. A persistência, como outros pontos que mencionei, é orientada pelo líder. É necessário manter as pessoas subindo os degraus da escada da responsabilização e não deixá-las parar até que se cumpra tudo o que deve ser feito.

11 Divulgue a mudança: Seja um anúncio ousado de seu Grande Objetivo

O que diferencia um bom anúncio de outro ruim? Isso é algo que o pessoal de marketing pensa o tempo todo, mas, na realidade, hoje em dia, todos nós somos expostos a tantos anúncios ao longo da vida que temos uma boa ideia daqueles de que gostamos, daqueles de que não gostamos e do porquê.

Bons anúncios são emocionais e inesquecíveis. É fácil nos identificarmos com eles, pois abordam uma necessidade daqueles a quem são dirigidos. Também induzem o público-alvo à ação, a sair e comprar aquele produto. Queremos ver um bom anúncio repetidas vezes.

Anúncios ruins caem no esquecimento. Parecem irrelevantes ou fora de sintonia com o público-alvo. Não deixam claro o que vendem. Às vezes, são tão irritantes que nos levam a querer fazer o oposto do que dizem. Não queremos rever um mau anúncio.

Como líder, você quer ser um anúncio bom ou ruim?

Você já trabalhou arduamente em algo e fracassou? Escuto esta queixa o tempo todo: tive a melhor das intenções, me esforcei, mas não deu certo. Respondo: “Você divulgou a ideia ou iniciativa mais de uma vez? Continuou a reforçá-la até alcançar o que foi planejado? Você foi um bom anúncio para seu objetivo?”.

O coronel Sanders, fundador da KFC, entendia a importância de ser um bom anúncio para seu objetivo. Depois que seu frango ficou mais conhecido, ele e sua mulher, Claudia, viajavam a diversas cidades e faziam demonstrações do Kentucky Fried Chicken [frango frito à moda de Kentucky] nos restaurantes locais. Mas eles não recorriam somente à receita do apetitoso frango do coronel para causar uma boa impressão. Claudia recepcionava os clientes vestindo um traje típico da época da Guerra de Secessão, que custara exorbitantes US$ 135. E, sempre que tinha a oportunidade, o coronel saía da cozinha em seu inconfundível paletó branco, que se tornou sua marca registrada, para fazer "um pouco de coronelices", como descreveu em sua autobiografia, *Life as I have know it has been finger-lickin' good* [A vida que tenho levado é boa de lamber os dedos, sem edição brasileira]. "Tirava meu avental, espanava a farinha das calças, vestia meu paletó com o relógio de bolso com corrente de ouro e me dirigia à sala de jantar para conversar com os convidados. Eu costumava guardar algumas fichas impressas com as receitas que eram as preferidas em nosso restaurante de Corbin. Isso me dava a chance de conversar com os clientes e lhes perguntar qual era a receita de frango preferida deles."

Você precisa promover seu objetivo ou iniciativa com o mesmo dinamismo com que promoveria um novo produto. Esse objetivo deve ser mantido em primeiro plano na mente do público-alvo. Ou seja, é preciso chamar a atenção dele, convencê-lo de sua importância e *continuar* a persuadi-lo. Afinal de contas, ninguém veicula o anúncio de um novo produto apenas uma vez e supõe que teve impacto suficiente para alcançar o objetivo. Normalmente, o anúncio é repetido diversas vezes e, mais tarde, talvez se faça uma nova versão dele para voltar a chamar a atenção. Na Parte II, falei sobre como criar uma visão. Neste capítulo, falarei sobre como reforçar continuamente essa visão – como divulgá-la – a fim de fazê-la dar certo.

6,5 segundos que importam

Howard Draft, presidente do conselho de administração e CEO da Draftfcb, uma das maiores agências de comunicações do mundo, falou-me sobre um estudo realizado por sua empresa que chegou a uma conclusão clara sobre como alcançar o consumidor: 6,5 segundos. É o tempo que os consumidores lhe darão, em média, para que a atenção deles seja capturada. Ele explica: "É todo o tempo que lhe concederão, porque eles executam múltiplas tarefas. Estão no computador, vendo TV, escutando música. Se não conseguirmos interromper o que estão fazendo nos primeiros 6,5 segundos – seja virando a página de uma revista, assistindo a um comercial na tevê ou em outra mídia –, se não conseguirmos atrair sua atenção com a mensagem principal em 6,5 segundos, essa propaganda não será adequada para o mundo contemporâneo. Temos de interromper os consumidores".

Seu público-alvo pode lhe conceder um pouco mais do que 6,5 segundos (afinal de contas, muitos de seus integrantes trabalham para você), mas ainda assim é um bom conceito para se lembrar. Volte a uma das perguntas que você se fez no Capítulo 1: quais percepções, hábitos ou crenças desse público-alvo você precisa desenvolver, mudar ou reforçar para alcançar seu objetivo? Se você pensar da mesma maneira que seu público-alvo, poderá entender o que precisa fazer para chamar a atenção dele. Como trazer para o primeiro plano o que você quer ver realizado, a fim de que as pessoas reparem e prestem plena atenção? Seja um bom anúncio para seu objetivo.

✚ Destaque-se na multidão

Para ser um grande líder, que motiva as pessoas, é preciso ser um grande comunicador. Isso começa com a capacidade de chamar a atenção das pessoas. Seja ousado e claro. Quando decidi que queria tornar o reconhecimento uma grande parte de nossa cultura corporativa, não distribuí placas comemorativas. Por que não? Porque uma galinha de borracha flexível é muito mais inesperada. Além de ser divertida. Recentemente, tive prova de que essas galinhas faziam mais do que simplesmente chamar a atenção das pessoas em um dado momento;

elas causavam um impacto duradouro. Eu estava apresentando meu curso "Levando as pessoas com você", quando um participante, Steve Robles, levantou-se e disse: "Sou a galinha número 147" – pois eu assinava e numerava cada uma delas. Ele contou: "Eu trabalhava em Los Angeles, no centro da cidade, quando você chegou em meu restaurante e me deu a galinha como prêmio. Naquela noite, cheguei em casa e disse para minha mulher: 'Ei, David deu um tapinha nas minhas costas e disse que eu era incrível. Ele me deu um prêmio e um cartão escrito à mão'. Foi mágico. Uma experiência inesquecível."

Isso aconteceu há mais de uma década, mas Robles ainda se emocionou ao narrar a experiência e contar que obteve seu MBA e abriu diversos restaurantes próprios, onde estabeleceu uma cultura de reconhecimento por sua conta. Você acha que esse episódio teria sido tão inesquecível para ele se eu entrasse em seu restaurante naquela época vestindo um belo terno e formalmente lhe entregasse uma plaqueta? Provavelmente não. Também não teria causado tanto impacto se ele se levantasse durante o curso e dissesse: "Recebi de você um prêmio de reconhecimento anos atrás". No entanto, "eu sou a galinha número 147" destacou-se, diferenciou-se. Todo o recinto irrompeu em aplausos espontâneos quando ele terminou de contar sua história.

Na Yum!, nós nos dedicamos a atrair talentos de alto nível assim que saem da faculdade. No entanto, muitas empresas fazem a mesma coisa, por isso, tivemos de achar maneiras de nos diferenciar. Entre nossos alvos principais, identificamos jovens talentos do Integrated Marketing Communications Masters Program [programa de mestrado em comunicações integradas de marketing], da Northwestern University, e soubemos que uma das maiores preocupações daqueles jovens era de se perderem em uma organização grande como a nossa e não terem a oportunidade de crescer tão rapidamente quanto em outras empresas. Consequentemente, nossa estratégia foi demonstrar que queríamos que eles se desenvolvessem conosco e que nossos principais líderes estavam pessoalmente comprometidos com esse conceito. Todos os anos, trazemos potenciais funcionários para Louisville, muitas vezes embarcamos um grupo no avião da empresa, para lhes mostrar que acreditamos que eles são a chave de nosso futuro. No mesmo dia, realizamos entrevistas deles com todos os presidentes de divisão, diretores de marketing e eu. Terminamos o dia com um jantar especial, ao qual esses mesmos líderes comparecem, e faço questão de conversar pessoalmente com cada candidato que sabemos que queremos. Dentro de uma semana, fazemos uma proposta para mostrar que *não* somos uma grande empresa atolada em burocracia (outra percepção que muitas pessoas têm), mas que conseguimos agir rapidamente. Escutamos frequentemente que poucos lugares se incomodam tanto com jovens recém-formados. Em consequência, temos um alto índice de sucesso no recrutamento dos melhores e mais brilhantes graduados da Northwestern.

Um bom anúncio por uma boa causa

As Maldivas, pequeno país insular no Oceano Índico, são a menor nação do mundo. Ficam a apenas cerca de 1,5 metro acima do nível do mar, em média, e o ponto mais alto está a meros 2,5 metros acima do nível do mar. Com isso, uma das maiores preocupações do país é o aquecimento global e a elevação dos níveis dos oceanos por causa do derretimento das calotas polares. Se a tendência continuar, as Maldivas podem literalmente acabar debaixo d'água algum dia.

Os líderes governamentais das Maldivas queriam chamar a atenção do mundo para essa grande preocupação e armaram um pequeno golpe publicitário. Realizaram uma reunião com os principais membros do governo, o que não era tão incomum, exceto pelo local: debaixo d'água. Eles usavam trajes e equipamentos de mergulho, sentados em longas mesas montadas no fundo do mar, para mostrar o absurdo que seria tentar comandar um país submerso. Cinegrafistas filmaram a reunião, que foi divulgada pela AP e outras agências de notícias, e o vídeo ganhou repercussão no YouTube. É uma imagem que chama a atenção das pessoas e se fixa em suas mentes – um belo exemplo de um bom anúncio em defesa de uma causa. Muito melhor do que um press release.

✚ Anuncie em público para não voltar atrás

Anunciar em público o que você quer alcançar é uma grande maneira de se dar aquela motivação extra para ir até o fim. Por quê? Porque, se falhar, todos saberão. Você perderá credibilidade e se arriscará a parecer ineficaz. Um bom líder é moldado sob pressão. Assim, se for importante para você realizar algo, anuncie em público. Isso também dará um propósito para seu pessoal. Mostrará a eles com o que você realmente se preocupa.

Diante de uma sessão conjunta do Congresso Norte-Americano, em 1961, o presidente Kennedy anunciou em público um desafio ousado: "Acredito que este país deve se comprometer em alcançar o objetivo, antes do final desta década, de pousar um homem na Lua e trazê-lo de volta para a Terra em segurança". Todos nós sabemos que isso acabou acontecendo. Mas sabe quando? Em julho de 1969, apenas poucos meses antes do prazo final que Kennedy tinha dado à Nasa. Isso mostra o poder de anunciar em público objetivos ousados e específicos. Tudo ocorreu da maneira que o presidente propôs, antes do prazo final.

Nem todos nós temos o Congresso ou a imprensa para proferir um anúncio público, mas a mesma tática também funciona nos negócios. Anunciar algo para sua equipe é apenas a primeira etapa. Para realmente tornar público seu anúncio, você tem de falar a todos que queiram ouvir: seu chefe, toda a empresa, toda a comunidade, se for apropriado. Fazer um anúncio público para sua equipe aumentará a impressão de que você dedicará seu máximo esforço, mas anunciar em público *com* sua equipe diante de toda a divisão, empresa ou comunidade pressionará todo o grupo.

Quando iniciamos as atividades de nossa empresa, redigi uma carta pessoal a todos os funcionários para ser entregue no início do novo ano. O fato de eu escrever à mão e enviá-la para suas casas durante o recesso de final de ano foi um esforço para chamar a atenção, mas também foi um modo de tornar público aquilo que eu visualizava como o futuro de nossa empresa, não só para os funcionários, mas para toda a família

O negócio acabara de passar por um período de crescimento realmente significativo. Havia dobrado de tamanho nos dezoito meses anteriores. Infelizmente, perdia muito dinheiro, porque não tínhamos implementado os processos para gerenciar aquele tipo de programa. Após seis meses, percebi que, embora a mente das pessoas estivesse plenamente comprometida com a estratégia, seus corações não estavam necessariamente ali, pois eu não lhes dera os recursos nem os meios para fazer o que precisávamos. Decidi, então, dar um grande passo na forma de um compromisso público sobre como íamos desenvolver o negócio e realizar as mudanças necessárias. E essa possibilidade foi denominada "pessoas em primeiro lugar", inspirada em nossa crença de que, se a capacidade das pessoas for colocada em primeiro lugar, a satisfação dos clientes, as vendas e os lucros virão na sequência. Decidi que precisava anunciar aquilo em público, primeiro para que eu não tivesse nenhuma maneira de voltar atrás e, segundo, para que as pessoas confiassem em mim e avançassem comigo.

– Ivan Schofield, gerente-geral na França, Yum! Restaurants International

deles. Se algo é entregue em sua casa, provavelmente sua mulher ou seu marido vai perguntar do que se trata. Seus filhos também podem ficar curiosos. E até perguntar, alguns meses depois, quanto progresso foi feito no cumprimento daqueles objetivos.

Essa tática também funciona com objetivos pessoais. Uma funcionária de nossa organização decidiu correr uma maratona, e a primeira coisa que ela fez foi começar a contar isso para os colegas. Então, eles começaram a lhe perguntar como estava seu treinamento, o que a pressionou a treinar mais para ter algo positivo a dizer na próxima vez que perguntassem. Quando finalmente chegou o dia da maratona, havia muitas pessoas torcendo por ela. Divulgar seus objetivos afetará sua maneira de pensar neles. Haverá mais urgência e maior destaque, o que significa que você buscará soluções de maneira mais ativa.

Ferramenta: "ESCADA DO COMPROMETIMENTO"

Sempre que você quiser alcançar algo, pense em como desenvolver sua intencionalidade para executá-lo. Suba os seguintes degraus, um por um, para aumentar seu comprometimento:

1. Pense em algo para fazer e decida quando concluirá isso.
2. Escreva o que você fará e quando.
3. Comunique a outras pessoas o que você fará e quando. (Repare que neste momento sua intenção se torna pública.)
4. Escute os outros falando sobre seu comprometimento.

Utilize essa ferramenta para aumentar não só seu comprometimento, mas também o dos membros de sua equipe, para alcançar o objetivo.

✚ Abale o sistema

Quando anunciar em público seus objetivos, não diga às pessoas simplesmente o que você quer que aconteça. Mostre-lhes. Depois de chamar a atenção das pessoas, siga em frente demonstrando a mudança que deseja. O estudo dos "6,5 segundos" de Howard Draft contribui para uma grande descrição emocional, mas o melhor da história é que ele tinha esse número impresso em todas as paredes do escritório central. No Capítulo 7, falei sobre como as descrições emocionais podem ajudá-lo a comunicar uma visão, mas elas também ajudam a continuar a promovê-la.

Faço algo parecido para reforçar o compromisso da empresa de colocar a capacidade das pessoas em primeiro lugar ao forrar as paredes de meu escritório com fotos. Quase toda vez que presto reconhecimento a alguém, uma foto é tirada, e tenho-as emolduradas e penduradas na parede. Quando as paredes começaram a ficar cheias, expandi o processo para o teto, contrariando a recomendação do pessoal da manutenção, que receava que as coisas caíssem em minha cabeça ou, pior, na de outra pessoa. (Fiquem tranquilos; prendemos bem as molduras e, por enquanto, tudo bem.) Sem dúvida, o esforço extra tem surtido o efeito desejado. Tenho um dos escritórios mais divertidos do mundo corporativo, que até foi assunto de matéria no *Wall Street Journal*. Ele alardeia o mote "pessoas em primeiro lugar" e o valor do reconhecimento. Quando familiares vêm visitar o escritório, eles sempre ficam surpresos e impressionados com o fato de "ter fotos até no teto".

Recentemente, Alan Mulally me contou como se deu conta de que tinha de abalar o sistema ao se tornar CEO da Ford Motor Company, em 2006. A empresa perdia bilhões de dólares, e muitos observadores externos se questionavam se ela podia afundar. Um de seus grandes problemas era que, antigamente, ela representava carros de qualidade, mas isso não era mais verdade, e Mulally achava que seu pessoal não atentava para esse fato. Uma de suas primeiras decisões foi levar a equipe de executivos até a sede da *Consumer Reports*, que há pouco tempo atribuíra notas muito baixas à qualidade dos modelos da Ford. Quando o diretor da revista começou a apresentar os dados, e Alan disse que havia uma grande quantidade deles, seus executivos começaram a interromper para explicar aqueles resultados. Alan interveio: "Vamos anotar tudo o que todos dizem, pois vamos procurar entender antes de ser entendidos." Depois disso, todos os executivos apenas escutaram as avaliações chocantes que a *Consumer Reports* lhes forneceu sobre a qualidade de seus produtos. Não foi divertido para ninguém, mas Alan acreditava que era necessário abalar os executivos e lhes demonstrar que, sem sombra de dúvida, tinham de fazer algumas mudanças. E eles fizeram. Em 2010, a revista colocou diversos modelos da Ford no topo de suas listas de avaliação.

Para citar apenas mais um exemplo, quando Howard Schultz retomou a função de CEO da Starbucks depois de um hiato de oito anos, decidiu que a empresa precisava voltar aos fundamentos de servir um café incrível e oferecer um lugar incrível para consumi-lo. Schultz achou que a qualidade do café havia decaído em sua ausência, e segundo ele: "Para realmente demonstrar nosso compromisso amplo com a qualidade, fechamos todas as lojas e fizemos uma reciclagem profissional de 110 mil funcionários em um dia". A ação custou milhões de dólares em vendas perdidas, mas não restou dúvida quanto às intenções de Schultz. Ele queria seu pessoal concentrado no oferecimento de um café de qualidade, e falava sério.

✚ Você anunciou em público e se deu mal. E agora?

Você deve ter cuidado quando anuncia em público. Deve elaborar a ideia primeiro e se certificar de que realmente acredita que é possível executá-la antes de começar a assumir compromissos. Um anúncio imprudente sem um plano de execução não tem muita chance de dar certo.

Às vezes, mesmo com uma ideia interessante e um plano eficaz, as coisas não acontecem como planejado. Isso aconteceu comigo com a estratégia de multimarcas, que foi anunciada como a principal estratégia da empresa. Falamos sobre isso na mídia, aos investidores, a nossa diretoria, e falamos sobre isso internamente, a funcionários e franqueados. Quando o projeto fracassou, eu não podia fingir que nada acontecera. Precisava dizer alguma coisa.

> *Uma das lições que aprendi é que uma das coisas mais difíceis de fazer é tentar fingir que você fez algo certo quando, em seu coração, sabe que fez alguma coisa errada. Ficamos desarmados quando perguntamos a alguém o que aconteceu e a pessoa responde: "Cometi um erro". A conversa se encerra, e você indaga: "O que vamos fazer da próxima vez?".*
>
> – Steve Burke, CEO da NBCUniversal

Quando essas coisas acontecem – e, quando se assumem riscos em busca de Grandes Objetivos, elas quase sempre acontecerão –, a melhor coisa a fazer é simplesmente reconhecer e explicar. Expliquei o que aconteceu com nossa estratégia de multimarcas para os investidores antes de eles me questionarem a respeito. No entanto, uma explicação em situações como essas não basta. Também é preciso res-

Não é o crítico que conta, nem o homem que mostra como o forte tropeça ou onde o autor de proezas poderia ter se saído melhor.
O crédito pertence àquele que está na arena, cuja face está marcada por poeira, suor e sangue; que luta com coragem; que erra; que fica aquém das expectativas frequentemente, pois não há esforço sem erro ou deficiência; mas aquele que realmente se esforça para realizar façanhas; que conhece o grande entusiasmo, as grandes devoções; que se entrega a uma causa digna; que, na melhor das hipóteses, acaba conhecendo o triunfo das elevadas realizações, e que, na pior, se falhar, ao menos falha por ousar de modo extraordinário, para que seu lugar não seja jamais entre aquelas almas frias e tímidas que não conhecem vitória nem derrota.

– Teddy Roosevelt

ponder à pergunta: "O que você vai fazer agora?". Em meu caso, falei sobre nossa intenção de enfocar totalmente nossas marcas autônomas e desenvolver camadas de vendas incrementais com bebidas e novos horários de refeição, como o café da manhã.

Fracassar faz parte do negócio, da mesma forma que faz parte da vida. Não varra a sujeira para debaixo do tapete. Discuta isso com sua equipe e diagnostique os problemas. Proponha um novo plano e, em seguida, torne público tanto o motivo pelo qual a ideia anterior não funcionou quanto a razão por que com a nova ideia será diferente. É a melhor maneira de salvar sua credibilidade.

✚ Insights e ações

AUTORREFLEXÃO

Avalie-se em relação aos seguintes itens abordados no Capítulo 11 – "Divulgue a mudança"	**Oportunidade de melhoria**	**Ponto forte**
1. Trabalho para encontrar maneiras de me destacar com minhas mensagens.		
2. Utilizo descrições emocionais sempre que possível para envolver e inspirar as pessoas a meu redor.		
3. Anuncio publicamente meus compromissos e não volto atrás.		
4. Minhas ações reforçam de maneira consistente a mensagem que compartilho com minha equipe e empresa.		

EXERCÍCIO

Abale o sistema! Avalie as maneiras pelas quais você comunicará sua visão e as anote. As perguntas a seguir podem inspirar algumas ideias:

- Qual é o conjunto comum de mensagens-chave que você pode incorporar a todas as comunicações?
- Como prover atualizações regulares a todos em seu Mapa de Pessoas?
- Como estimular os outros a difundir sua mensagem?
- Como vincular sua mensagem a outras ações?

12 Entenda e supere os obstáculos para o sucesso

Na Parte II, falei sobre como obter alinhamento do público-alvo, mas, para alcançar seu Grande Objetivo, você não pode simplesmente fazer isso uma vez e se acomodar. Deve continuar detectando conflitos e lidar com o fato de que algumas pessoas nunca terão plena convicção de sua visão, independentemente do que você diga ou faça.

Precisei aprender algumas coisas nessa área, mesmo depois de começar a ministrar meu curso. Naquela época, costumava defender que é preciso ter coragem e persistir, apesar de todas as pessoas "do contra". Mas então, durante um de meus cursos, alguém levantou a mão e me perguntou: "Mas e se a pessoa 'do contra' tiver razão?".

Era uma boa pergunta e me fez lembrar de alguns dos maiores fracassos de minha carreira, como a Crystal Pepsi. Se tivesse escutado a opinião de que o produto não estava pronto e analisado as preocupações dos críticos, a Crystal Pepsi poderia ter dado certo e talvez ainda estivesse nas prateleiras dos supermercados. Aqueles críticos poderiam ter sido meus conselheiros mais importantes, se eu tivesse prestado atenção neles e ajustado meu plano.

O aspecto positivo do fracasso da Crystal Pepsi é que me tornou um ouvinte melhor, mais receptivo. Muitas vezes, as pessoas me salvaram de mim mesmo ao longo de minha carreira. Ensinaram-me o que eu não sabia, impediram-me de fazer ou dizer coisas erradas e me ajudaram a identificar onde ajustar meu pensamento ou o curso das ações. Na verdade, conto com algumas pessoas, como meu principal assessor jurídico, Chris Campbell, para me dizerem o que eu não quero ouvir. E quase sempre que isso acontece, ele faz bem a nossa empresa e a mim. Até mudei toda essa parte de meu curso em consequência da instigante pergunta daquele rapaz. E, graças a isso, o curso, assim como minha capacidade de liderança, está melhor. Adivinhem por quê? Aquele rapaz tinha razão.

Ainda acredito que é importante ter coragem para avançar com intencionalidade em busca de seu Grande Objetivo, mas também é importante fazer isso somente depois de ter escutado as preocupações de todos e avaliado os possíveis obstáculos para o sucesso. Isso requer paciência, maturidade e confiança em sua capacidade de discernimento, mas, se for encaminhado como se deve, o fato de aceitar que os pessimistas podem ter razão não deverá gerar insegurança. Pelo contrário, expandirá seu conhecimento e perspectiva, além da confiança na trajetória escolhida.

Ferramenta: "APLIQUE UMA ATITUDE MENTAL PODEROSA À SITUAÇÃO"

Aceitar críticas é importante, mas nem sempre fácil, porque ninguém gosta de ouvir que está errado. Aceitá-las melhor requer uma atitude mental mais poderosa.

Consulte a ferramenta "Escolha entre atitudes mentais poderosas e atitudes mentais limitadas", na página 28, e reflita sobre como você reage quando alguém manifesta dúvida acerca de seu plano ou visão. Aceita o que a pessoa lhe diz e realmente pensa a respeito? Ou resiste, certo de que ela está errada ou, pior, quer sabotá-la?

Analise as diferenças de atitude mental a seguir e se pergunte qual tem mais chance de ajudá-lo a ser bem-sucedido. Sempre se lembre de que não é uma questão de ter razão – trata-se de realizar o que foi planejado.

Posso aprender algo novo se escutar.
versus
Esses sujeitos não entendem o que eu quero dizer... é inútil falar com eles.
Eles estão tentando se assegurar de que estamos no caminho certo.
versus
Eles estão tentando solapar minha autoridade e querem me queimar.

✚ O que fazer quando lhe dizem "isso não é possível"

O que *não* se deve fazer quando alguém manifesta dúvidas é avançar como se nada tivesse acontecido. No entanto, às vezes fazemos isso sem perceber, porque estamos certos de ter uma boa ideia. A seguir, apresento uma lista para você verificar se está realmente enxergando todos os lados e levando em consideração todas as opiniões e objeções válidas.

1. *Escute e entenda por quê:* Leve todas as preocupações a sério e se aprofunde nelas. Por que as pessoas pensam daquela maneira? Elas podem ter razão? Lembre-se de Ivan Schofield, nosso gerente-geral na França, que com frequência escutava que seu plano de crescimento do negócio era muito ambicioso. Quando ele realmente foi a fundo no assunto, entendeu que as dúvidas resultavam do fato de não terem as pessoas certas para executar seu plano. Era uma crítica válida, que o fez repensar o processo e contratar novos talentos. É importante adotar a atitude de que podemos aprender algo novo, se escutamos as pessoas. Afinal de contas, pode ser que elas tenham razão.
2. *Incorpore objeções válidas a seus planos:* Se você decidir que as objeções têm mérito, deverá ajustar seu plano. Fazer isso exige um pouco mais de tempo e esforço, mas o resultado será compensador. Por exemplo, quando a Taco Bell estava prestes a lançar a linha de bebidas geladas Frutista Freeze, primeiro testamos os novos produtos em três mercados. Os clientes gostaram do sabor, mas nossos gerentes nos informaram que deparavam com

um problema considerável nos equipamentos nos horários de maior movimento – eles não conseguiam uma produção rápida o suficiente para atender a demanda. Por causa desse feedback, adiamos o lançamento nacional, para reparar o problema. Não era uma situação ideal, mas, se não tivéssemos escutado e ajustado nosso plano, sem dúvida teríamos enfrentado problemas mais sérios com falhas de equipamento em muitos outros restaurantes.

3. *Escute antes de liderar:* Após escutar e analisar todos os pontos de vista, não vá ficar paralisado por indecisão. Cabe ao líder tomar a decisão a respeito do que fazer a seguir. Ninguém quer ficar preso em discussões intermináveis. Comprometa-se com uma linha de ação e avance com convicção. Quando Bob Walter abriu o capital de sua empresa, a Cardinal Health, propôs uma meta muito simples denominada "Regra 20/20/20", que descrevia os indicadores financeiros objetivos que a empresa precisava alcançar. "Tínhamos de aumentar nossas receitas em 20%; tínhamos de ter um retorno sobre o patrimônio de 20%; e, então, teríamos um índice preço/lucro de 20", explicou Walter. Um de seus conselheiros de maior confiança foi escolhido pela equipe gerencial para abordar Walter e persuadi-lo a reduzir aquelas metas. Ele o escutou, mas decidiu não mudar de ideia. E foi uma decisão acertada. Aquele objetivo simples, porém ousado, tornou-se uma obsessão para sua equipe, que, de maneira consistente, alcançou os indicadores e ajudou a transformar a Cardinal Health na nona maior empresa da "Fortune 500".
4. *Faça a coisa certa, e a coisa certa acontecerá:* Siga sua intuição. Se você agiu de modo correto com sua equipe, escutou as preocupações dela e fez a lição de casa, confie em sua decisão. Acredite que, se tomou a decisão da maneira certa, o resultado certo tenderá a acontecer. Na verdade, trata-se de uma diretriz adequada para qualquer aspecto de seu negócio. Por exemplo, a Nordstrom, rede norte-americana de artigos de luxo, é famosa por ter uma política de devolução de 100%, sem fazer perguntas. Isso custa caro, mas a empresa colhe a recompensa sob a forma de

fidelidade do cliente. Agir corretamente com seus clientes tornou a Nordstrom uma referência em qualidade de serviço.

✚ Tática: Mude o script

Quando alguém diz, "isso não é possível", Scott Bergren, CEO da Pizza Hut, utiliza a técnica que ele chama de "mude o script". Após escutar a objeção da pessoa, ele pergunta: "O que *você* faria para resolver o problema?". Essa pergunta enfatiza a ideia de que não fazer nada não é a resposta; pelo contrário, as pessoas devem trabalhar juntas para encontrar soluções.

Certa vez, escutei uma história sobre o arquiteto I. M. Pei, que usou essa técnica para conseguir que o East Building, em formato triangular incomum, da National Gallery of Art em Washington, fosse construído exatamente como concebido. Ele projetou o museu com um ângulo tão agudo em um vértice que os engenheiros e pedreiros responsáveis pela construção argumentaram que uma obra como aquela nunca havia sido feita simplesmente porque não era possível. Pei mudou o script e lhes perguntou como *eles* resolveriam o problema. Eles não tinham uma resposta de imediato, mas trabalharam juntos para descobri-la. Hoje em dia, esse ângulo é um dos aspectos mais marcantes do museu, e os visitantes costumam ir até lá só para tocá-lo. Além disso, o edifício ganhou diversos prêmios como consequência do esforço da equipe.

✚ Tenha coragem sobre suas convicções

Você deve escutar as preocupações do público-alvo com a mente aberta para a possibilidade de que ele pode ter razão. Mas, ao tomar a decisão acerca de como avançar, é preciso também levar em consideração que ele pode *não* ter razão. Há alguns anos, li a biografia de Harry Truman, escrita por David McCullough, e conheci em detalhes o fato de que praticamente ninguém achava que, em 1948, ele se reelegeria à presidência contra Thomas E. Dewey, o popular candidato republicano. Todos os meios de comunicação importantes previam sua derrota, e um respeitado instituto de opinião pública anunciou que suspenderia as pesquisas, pois o resultado já estava definido. De forma memorável, a primeira página do Chicago Tribune chegou a ostentar a manchete "Dewey derrota Truman" em letras garrafais no dia seguinte à eleição, pois imprimiram o jornal antes da divulgação do resultado final. Naturalmente, estavam todos errados. A história me faz pensar na perda irreparável se Truman não tivesse seguido sua intuição.

A ideia aqui não é se curvar às ideias dos outros para que eles se sintam valorizados ou para evitar conflito. Pelo contrário, trata-se de levar a sério o que as pessoas dizem e, só então, tomar a decisão certa. Em 2003, meu grande amigo e mentor Ken Langone, cofundador da Home Depot, viu-se nessa posição quando foi alvo de uma ação judicial movida por Eliot Spitzer, procurador-geral de Nova York. Spitzer alegou que Dick Grasso, CEO da Bolsa de Valores de Nova York, recebera remuneração excessiva no exercício de sua função – US$ 187,5 milhões – e que Ken, como chefe do conselho em questão, exercera influência para manipular os conselheiros em favor do pacote salarial de Grasso.

Muitas pessoas próximas aconselharam Ken a aceitar um acordo, especialmente porque o caso se arrastava há quase cinco anos. Mas ele não cedeu à imensa pressão. Primeiro, porque considerava Grasso um líder excepcional. Apenas dois anos antes da ação judicial, ele havia sido muito elogiado pela rápida reabertura da bolsa de valores após o atentado de 11 de setembro. Em segundo lugar, e o mais importante, Ken simplesmente acreditava que não fizera nada errado. Como ele me explicou: "[Grasso] fazia parte de um sistema criado vinte anos antes que eu, ou aquela diretoria, assumíssemos nossas funções. Acontece que Dick estava ali há 37 anos e, em virtude dessa longevidade, as regras lhe favoreciam. Mas nenhum membro do conselho podia alegar que estava mal informado sobre a remuneração dele. E toda vez que o pacote salarial de Dick era votado, recebia aprovação por unanimidade".

As pessoas podem ter pontos de vista distintos sobre a alegada remuneração excessiva de Grasso, mas, sem dúvida, Ken seguiu sua consciência. Depois que tudo terminou, e as ações judiciais contra ele e Grasso foram rejeitadas por uma corte de apelação, ele me disse: "Em primeiro lugar, eu precisava ficar em paz comigo mesmo. Sob enorme pressão, eu me olhava no espelho todas as manhãs e me questionava se valia a pena lutar por meus princípios. Hoje, isso parece altruísta, mas esse é meu jeito de ser".

✚ Se você não tem coragem, encontre-a

Ken Langone sabia intuitivamente o que precisava fazer, apesar dos conselhos em contrário, mas nem sempre temos tanta autoconfiança assim. Se você não tiver plena convicção em sua decisão, terá de fazer o que for necessário para conquistá-la. Antes de se tornar CEO da PepsiCo, Indra Nooyi tomou a corajosa decisão de fazer uma reformulação geral dos sistemas de TI da empresa. Era um projeto de US$ 1 bilhão, e havia muito ceticismo. As pessoas não diziam apenas que isso não era possível; diziam que era loucura tentar.

Indra sabia que tinha de se assegurar de que fazia a coisa certa e aproveitou o recesso de fim de ano para estudar o problema de todos os ângulos. Na verdade, *estudar* é pouco para explicar o que ela fez. Em suas próprias palavras:

> *Comprei dez livros sobre ERP, TI, data warehouse e assuntos afins. Li todos do começo ao fim e deixei alguns professores de sobreaviso, para que, durante os feriados de Natal e Ano Novo, eu tivesse a quem consultar se precisasse de algum esclarecimento. A IBM havia desenvolvido um estudo de arquitetura de sistemas, e o pessoal de TI deixara no meu escritório duas pastas dele, certos de que eu não o leria. Eu o li de cabo a rabo e fiz anotações em diversas páginas, para enviar a mensagem: "Pessoal, estou lendo este material porque não vou comprometer US$ 1 bilhão do dinheiro da empresa sem saber exatamente em que estamos investindo". Assim, armada [contra os céticos] de conhecimento e competência, concluí que tínhamos de substituir os sistemas de TI. Nunca me arrependi da decisão que tomei. A equipe também não.*

> *Tudo é possível. A questão nunca é se algo pode ser feito. Mas sim quanto custa, quanto tempo vai levar e quais são os recursos. Trata-se do que você tem de deixar de lado para realizar algo. Ou seja, tudo é possível.*
>
> – Tom Ryan, presidente do conselho de administração e CEO aposentado da CVS/Caremark

Desconfie daqueles que dizem ter certeza absoluta de um resultado antes mesmo de terem tido a oportunidade de esmiuçá-lo (e isso inclui você mesmo). Tudo o que podemos fazer é tomar a decisão certa em um dado momento, com base no máximo possível de informações. Depois de fazermos o que se deve, escutando todas as preocupações, lidando com elas e obtendo o know-how adicional requerido para responder aos céticos, é hora de avançar com intencionalidade. Se necessário, seu plano poderá ser ajustado ao longo do processo, mas ninguém nunca saberá realmente o resultado, sem que todos deem o máximo de si.

✚ Os cínicos devem partir

Uma vez tomada a decisão sobre quais objeções incorporar a seu plano e como fazê-lo, você deve mobilizar os membros de sua equipe, até os "do contra", para que deixem suas opiniões de lado e trabalhem em conjunto com total empenho e atenção. A menos que dados de mercado indiquem que é o momento de repensar as coisas, o plano deve avançar a pleno vapor para todos.

Se isso não acontecer, poderá ser o caso de se livrar daqueles que David Ogilvy, gênio da propaganda, chamou de "cães tristonhos que espalham desânimo". Energia positiva estimula os membros da equipe; energia negativa os desanima. Certa vez, escutei uma excelente analogia para esse tipo de situação: se uma lanterna tiver uma pilha ruim, esta arruinará a eficácia de todo o instrumento. É preciso substituir a pilha fraca para que as outras possam realizar seu trabalho. De modo análogo, se uma pessoa insiste em ser pessimista em relação a seu projeto, desanimando a equipe, ela deve ir trabalhar em outro lugar.

Sempre que assumo uma nova situação de liderança, procuro a pessoa que todos querem que seja demitida e eu a demito. Descobri que a melhor maneira de mostrar que as coisas vão ser diferentes é se livrar do indivíduo com quem é difícil conviver, que não está praticando os valores da empresa e que não tem o tipo de perfil desejável para liderança. Tomar essa atitude chama realmente a atenção das pessoas.

No departamento jurídico da Yum!, havia um funcionário que era brilhante, mas não aceitava nossa cultura de reconhecimento. Ele nem sequer fingia participar. Certa vez, quando nossa banda itinerante de reconhecimento começou a tocar em homenagem a alguém que recebia um prêmio, ele saiu da sala e gritou a todos para abaixar o volume porque estava tentando trabalhar. Não consigo imaginar nada mais prejudicial ao espírito de dar e receber reconhecimento do que uma atitude como aquela. Ele tinha de sair da empresa. Todos os outros funcionários estavam se empenhando para criar um ambiente positivo, onde as pessoas sabiam que eram valorizadas e queriam trabalhar todos os dias. Eu não podia ter alguém por perto que atuasse ativamente contra isso.

Quando assumi a presidência da KFC, comecei a procurar pela pessoa a demitir e não demorei muito tempo para encontrá-la. Havia um diretor financeiro tão focado em cumprir o plano de lucros que propunha cortes de gastos a todo momento. As pessoas não aguentavam mais aquilo. Em todas as reuniões, ele apresentava uma nova ideia de redução de despesa – deveríamos eliminar as cores de nossas embalagens ou o bacon que acompanhava as ervilhas – e explicava qual seria a economia gerada. Ocorre que, coletivamente, aqueles cortes estavam prejudicando nossas iniciativas de agradar os clientes e desenvolver o negócio.

Wayne Calloway, o falecido presidente do conselho de administração da PepsiCo, veio à cidade pouco depois de eu assumir a nova função, para verificar nosso progresso. No jantar, falei-lhe a respeito do funcionário que queria demitir. "Ele é tão negativo", justifiquei, "sempre procura meios de cortar gastos em vez de criar valor. Não consigo suportar isso".

Wayne me perguntou: "Ele sabe como você se sente?". "Não, mas quero demiti-lo de qualquer jeito", respondi, em tom de brincadeira.

Wayne, que era um homem muito sábio, disse: "Bem, antes de você fazer isso, por que não lhe dá uma chance de mudar? Conheço John. Ele é ambicioso. Acho que reagirá bem a um feedback franco". Eu tinha certeza de que Wayne estava errado, mas me acalmei e decidi seguir seu conselho. Na manhã seguinte, a primeira coisa que fiz foi me dirigir à sala do diretor financeiro e lhe dizer que fazia objeção à atitude dele, citando diversos exemplos do que eu queria dizer. E falei: "Se você quer permanecer aqui, quero que acorde todas as manhãs, olhe-se no espelho e diga para si mesmo, como se tivesse isso gravado na testa: 'Sou o senhor Crescimento'. Quero que você se concentre no crescimento desta empresa para não termos de cortar o que oferecemos aos clientes".

Sabe o que aconteceu? Ele conseguiu. Passou por uma transformação completa de senhor Cínico a senhor Crescimento. Por exemplo, apoiou realmente nosso programa de reconhecimento, a ponto de desenvolver um método de expandi-lo para que funcionasse

Em prol da organização, você deve sempre escutar as pessoas e seus pontos de vista. Sabe por quê? Elas podem ter razão. E você não pode ser indiferente a isso. No entanto, o que descobri é que tende a haver um padrão. Os "do contra" tendem a ser "do contra", e, em pouco tempo, você diz para si mesmo ao propor um novo projeto: "Sei que Ted não vai gostar disso". Pode-se debater e estabelecer uma discussão aberta e franca, mas, no fim das contas, uma decisão tem de ser tomada. E quando isso finalmente acontece, você diz para os "do contra": "O trem está pronto para partir da estação e espero que vocês estejam a bordo". O que está implícito é que aqueles que não estiverem a bordo poderão ser mais felizes em outro lugar.

– David Grissom, presidente do conselho de administração da Mayfair Capital e da Glenview Trust melhor não só no nível gerencial, mas também nas lojas. Além disso, somos bons amigos até hoje. Ainda acredito na substituição de pessoas que prejudicam o progresso, mas, antes de tomarmos a decisão final, precisamos orientar. Caso contrário, podemos descobrir que cometemos um grande engano.

✚ Insights e ações

AUTORREFLEXÃO

Avalie-se em relação aos seguintes itens abordados no Capítulo 12 – "Entenda e supere os obstáculos para o sucesso"	**Oportunidade de melhoria**	**Ponto forte**
1. Encaro os desafios e as resistências como oportunidades para melhorar meu plano.		
2. Formulo perguntas minuciosas para me certificar de que entendo todas as perspectivas.		
3. Se apropriado, incorporo ideias válidas a meu plano para aprimorá-lo.		
4. Depois de ter certeza que escutei todos os pontos de vista, avanço com convicção.		
5. Não permito que cínicos "refratários" façam parte de minha equipe.		

EXERCÍCIOS

Revise o Mapa de Pessoas e responda às seguintes perguntas:

- Quem dirá que não é possível?
- Quais são suas principais preocupações?
- São válidas?
- Em caso positivo, como incorporar as preocupações manifestadas?
- Como motivar as pessoas ou substituí-las, se necessário?

13 Utilize o reconhecimento para promover o desempenho

Identificar os comportamentos desejáveis e os indesejáveis é fundamental para manter as pessoas no rumo certo de alcançar o Grande Objetivo. É importante fazer isso formalmente por meio de avaliações e melhorias de desempenho, mas o reconhecimento informal também pode causar um grande impacto. Recentemente, tomei conhecimento de um interessante exemplo disso ao conversar com Alan Mulally, CEO da Ford Motor Company, que comandou o que muitos consideram uma recuperação milagrosa. Em 2006, quando ele assumiu o cargo, os lucros estavam em queda livre, e, no fim daquele ano, a empresa havia perdido um total de US$ 17 bilhões. Apenas alguns anos depois, porém, a Ford contava uma história muito diferente: no primeiro trimestre de 2010, lucrou US$ 2,1 bilhões, o melhor desempenho trimestral em mais de seis anos.

Evidentemente, muitos fatores contribuíram para uma recuperação tão notável, mas Mulally me descreveu o que acreditava ser o ponto de virada. Pouco depois de assumir o cargo, ele começou a reunir líderes de função e gerentes de linha de produção de todo o mundo para analisar a situação dos projetos em andamento, mais de trezentos no total. O protocolo seguido foi o de expor a situação de cada projeto em um gráfico com código de cores: vermelho para problemas sérios, amarelo para progresso lento e verde para tudo conforme planejado. No entanto, algo curioso aconteceu. Nas primeiras seis semanas da gestão de Mulally, todos os gráficos estavam verdes. Ele me contou: "Falei para a equipe: estou me preparando para anunciar uma perda de US$ 17 bilhões e todos os nossos projetos estão verdes. O que está errado?".

Duas semanas depois, Mark Field, líder do grupo das Américas, apareceu com um gráfico vermelho, o único no recinto. Algo dera errado com o modelo Edge, no Canadá – um problema mecânico tinha provocado um atraso de uma ou duas semanas no lançamento programado. Mulally contou que a sala caiu "em silêncio mortal" após a revelação, e todos se viraram para ele esperando uma resposta. Mulally me disse: "Eu sabia que todos pensavam: 'E agora? Será que é realmente sensato dizer o que está acontecendo?'. Falei para Mark: 'Isso é uma fabulosa visibilidade'; então, todos na sala começaram a apresentar sugestões de como solucionar o problema. A troca de ideias durou apenas doze segundos. Comecei a aplaudir e disse: 'Esse é o tipo de trabalho em equipe de que precisamos'".

Acho que reconhecer o erro também é importante. Evidentemente, reconhecer o certo é fácil e agradável, e todos aplaudem. Mas, de vez em quando, também é útil admitir que houve uma derrota, algo deu errado, algo foi mal planejado. Se isso for revertido em benefício na próxima etapa, acho que poderá ser muito válido. No entanto, se uma empresa apresenta erros constantes, é outra história. De todo modo, acredito realmente que, para seguir em frente, sempre é preciso tentar coisas novas. Algumas não vão dar certo; é recomendável identificá-las e descobrir o porquê.

– Massimo Ferragamo, presidente do conselho de administração da Ferragamo USA

A situação começou a mudar depois disso. Na reunião de acompanhamento da semana seguinte, mais gráficos vermelhos foram apresentados. Na outra semana, havia mais vermelhos e alguns amarelos. Na terceira semana, Mulally revelou: "De repente, 360 gráficos pareciam um arco-íris. Disse para mim mesmo: 'Ah, meu Deus, não é à toa que perdemos US$

17 bilhões'. Por outro lado, pela primeira vez, realmente soube, no fundo do coração, que poderia recuperar a empresa, pois finalmente admitíamos a realidade". E pensar que tudo começou com um pequeno gesto, quando Mulally decidiu reconhecer aqueles que tomavam as atitudes certas.

✚ Se é importante, precisa ser medido

Para se assegurar de que reconhece os aspectos positivos de seu negócio, você precisa de um sistema capaz de rastrear o progresso e identificar quando as coisas vão bem ou não. As pessoas são movidas por aquilo que é medido de verdade. O que você escolhe mensurar indica com o que se preocupa e o que seu pessoal precisa fazer para progredir na organização.

Quando falo acerca de mensuração, as pessoas costumam pensar somente nos resultados finais: quanto dinheiro alguém ganhou para a empresa no ano? Quantos gastos foram cortados no departamento? Essas questões são importantes, mas também é necessário identificar os comportamentos que *impulsionaram* esses resultados. Por exemplo, David Cote, CEO da Honeywell International, recentemente me revelou que desejava que seu pessoal levasse mais em conta o espírito de equipe. Começou a medir o desempenho em grupo e premiar equipes além de realizações individuais.

Em nossa empresa, medimos tanto os fatores tangíveis quanto os intangíveis, pois sabemos que os dois lados são importantes. Greg Creed, CEO da Taco Bell, chama isso de ser "inteligente com coração". O "inteligente" refere-se aos fatores tangíveis, como o número de novas unidades, as vendas nas lojas abertas há pelo menos um ano, o retorno sobre capital investido, os ganhos por ação – assuntos relacionados a Wall Street. E o "coração" é a parte intangível, que, para nós, significa o feedback 360°, o cumprimento de nossos princípios culturais "Como vencer juntos", as pesquisas de nível de comprometimento dos funcionários, as avaliações de capacidade de liderança etc. É a combinação dessas duas coisas que gera resultados sustentáveis.

Recentemente, tomei conhecimento de um excelente exemplo da importância da mensuração em outra área de negócio, quando nossa empresa contratou um plano de saúde e bem-estar denominado Kinetix. Jamie Brunner, o fundador do programa, enfatiza a importância decisiva de manter um diário sobre hábitos de alimentação e exercícios físicos quando se decide perder peso e melhorar a saúde. "No universo dos cuidados com o corpo, um diário monitora nosso comportamento e revela nossos resultados", Jamie me disse. "Permite-nos descobrir onde está o problema quando os resultados são fracos e repetir o padrão quando os resultados são bons." O diário é tão importante que ele e sua equipe conseguem prever com exatidão os resultados dos clientes antes mesmo de eles subirem em uma balança, simplesmente analisando seus registros. É uma medida quase perfeita do progresso deles.

As pessoas precisam de uma noção de progresso para prosseguir. É o que as mantêm no rumo certo e motivadas. Jamie começou seu programa de bem-estar físico porque era obeso e, sem mensuração, teria abandonado a jornada pessoal. Quando começou, pesava mais de 135 quilos, e era difícil dizer se chegaria a algum lugar apesar de todo seu esforço. "Você não enxerga muitas mudanças físicas quando perde os primeiros dois quilos, passando de 135 quilos para 133 quilos", ele explicou. "Felizmente, eu tinha os dados para comprovar que progredia."

Ferramenta: "MODELO D.A.N.C.E."

Utilize este modelo simples para ajudar em sua busca por Grandes Objetivos.

Deseje – Defina seu resultado e saiba por que você o deseja.

Aja – Tome uma atitude para chegar a esse resultado.

Note – Observe exatamente o que você está conseguindo.

Cause – Cause mudanças até obter o que deseja.

Excepcional – Dance pelo excepcional (em outras palavras, celebre seus sucessos).

Quando você está no meio de um projeto, o modelo D.A.N.C.E. lhe dá a oportunidade, em qualquer estágio, de verificar seu progresso e tomar decisões de como avançar da melhor maneira:

Note que resultados estão sendo atingidos. Preste atenção no que acontece no mercado. Se o resultado for o desejado, aproveite a oportunidade para reconhecer e celebrar o progresso. Se não estiver funcionando, passe para o C o mais rápido possível.

Cause mudanças no que você faz até conseguir os resultados desejados.

© John O'Keeffe, BusinessBeyondtheBox.com

✚ Dê a devida importância à mensuração

Um líder precisa tomar cuidado para não deixar que se confunda progresso com sucesso. Perder os dois primeiros quilos é importante, mas controlar e reconhecer o resultado só será realmente útil se levar à perda dos próximos dois e, depois, de mais dois.

Recentemente, em nossa organização, aprendemos isso com o sistema de pontuação CHAMPS. Mencionei que, em alguns de nossos restaurantes, não fizemos um trabalho tão bom quanto devíamos na satisfação dos clientes. Eis por que aprimorei nosso princípio de cultura de "foco no cliente" para "obsessão pelo cliente", para enfatizar sua importância. Mas não basta só apresentar a ideia. As pessoas realmente persistem na obsessão pelo cliente quando submetidas a uma avaliação de desempenho eficaz nessa área. Eis por que, no final dos anos 1990, inventamos o sistema CHAMPS, que corresponde a Cleanliness [limpeza], Hospitality [hospitalidade], Accuracy [acurácia], Maintenance [manutenção], Product Quality [qualidade do produto] e Speed of Service [atendimento rápido]. Cada um de nossos restaurantes é avaliado nessas seis categorias com regularidade.

Infelizmente, esse sistema de pontuação não bastou para levar ao progresso que buscávamos. Segundo Scott Bergren, que comanda a Pizza Hut: "Ao longo do tempo, algo curioso aconteceu com o CHAMPS. Começamos a comemorar pequenas alterações nas pontuações, que não eram significativas a ponto de serem notadas pelos clientes". Isso veio à luz quando Pat Murtha, diretor de operações da Pizza Hut, percorreu diversos de nossos restaurantes nos Estados Unidos para fazer uma apresentação sobre a importância da melhoria drástica em desempenho. Ele relatou: "Nossos gerentes *não* estão dando o salto da mensuração para o resultado. Eles não entendem que melhorar a satisfação do cliente de 66% para 68% não representa o progresso necessário para satisfazer nossos clientes. Acho que temos de reformular nossos esforços de alguma forma, para conseguirmos realmente fazer a diferença".

Foi o que Murtha fez. Ele decidiu contextualizar as mensurações dividindo os restaurantes da Pizza Hut em três categorias de acordo com suas notas de satisfação dos clientes. Os 15% melhores se diferenciavam como Brand Builders [construtores de marca], os 10% piores eram os Brand Destroyers [destruidores de marca] e a maioria na faixa intermediária fazia parte do que denominamos So-So Zone [zona mais ou menos].

O efeito foi imediato. Ninguém queria ser um Brand Destroyer; assim, aqueles nas piores posições começaram a agir para reparar o que estava errado. Os melhores restaurantes ficaram legitimamente orgulhosos de sua designação e, portanto, motivados a se empenhar para manter a posição. Mas o maior progresso veio

Lembro-me de quando era empregado horista e [a empresa] tentava implementar o foco na qualidade. Só tínhamos permissão para intervalos de dez minutos, duas vezes por noite, e eu disse: "Vou examinar o quadro de qualidade para tentar entender isso, pois qualidade deve ser algo muito importante". Examinei o Quadro de Queixas do Cliente, como era chamado, e passei dois intervalos lendo aquilo e tentando entender o que significava. Nunca consegui compreendê-lo. Ninguém jamais o explicou para nós. Provavelmente, alguém achou que era uma grande ideia, mas ninguém jamais se preocupou em perguntar: "Isso funciona? Você tem ideia do que significa?".

– David Cote, CEO da Honeywell International

daqueles situados no meio do ranking. Para muitos deles, ficar na média não teria sido um problema, mas serem chamados de mais ou menos parecia um insulto. Os restaurantes situados na média começaram a fazer o que fosse necessário para melhorar. Tudo por causa de como Murtha reformulou os resultados deles. Como Scott explica: "É preciso verificar se as mensurações são claras, se o foco se concentra nos poucos aspectos que realmente importam para um desempenho excelente e, finalmente, se a métrica em si inspira um desempenho muito *melhor*".

✚ Você tem altas ambições?

Cabe ao líder determinar a cara do sucesso e ter certeza de que fixou as metas no patamar certo. No Capítulo 1, quando você definiu o Grande Objetivo que almejava, pedi que avaliasse se estava pensando grande o suficiente. O mesmo princípio se aplica aqui. Ao explanar suas mensurações a seu pessoal, você sinaliza que está satisfeito com um mero progresso incremental? Ou usa seus critérios de avaliação para estimular a equipe a buscar um progresso radical?

Atuo no conselho de administração do JPMorgan Chase com Lee Raymond, ex-presidente do conselho de administração e CEO da Exxon, um dos líderes mais perspicazes com quem já trabalhei. Quando pedi sua opinião a respeito desse assunto, ele me preveniu: "A medição pela medição não tem nada a ver. Você tem de pensar no que quer alcançar quando estabelece medidas". Como exemplo, ele me falou acerca da grande quantidade de dados que costumavam coletar sobre a segurança de suas refinarias. Cada refinaria utilizaria aqueles dados para prever quantos acidentes teria por ano e se empenharia para não atingir esse número.

Durante anos, esse foi o método usado para melhorar o índice de segurança até que algo extraordinário aconteceu: de modo inesperado, uma das refinarias da Exxon não relatou nenhum acidente em determinado ano. Isso mudou tudo. "Vimos que era possível não ter nenhum acidente de trabalho", Lee disse. "O senso comum dizia que tal feito era impossível. Mas, com essa refinaria dando o exemplo, atualmente, mais de 70% de nossas refinarias não têm acidentes de trabalho."

Isso me lembrou a história que John O'Keeffe nos contou sobre Roger Bannister, a primeira pessoa do mundo que correu um quilômetro e meio em menos de quatro minutos. Até aquele momento, em 1954, a maioria das pessoas acreditava que o corpo humano não tinha condições de correr tão rápido, mas Bannister demonstrou que elas estavam erradas. Após a façanha dele, muitos outros atletas repetiram o feito e, apenas 46 dias depois, John Landy bateu seu recorde. No fim de 1957, pouco mais de três anos depois de Bannister ter alcançado o "impossível", quinze outros corredores fizeram a mesma coisa. Na verdade, isso não é tão surpreendente. As pessoas têm mais facilidade de se superar após alguém lhes mostrar que isso é possível. Para mim, essas histórias são um lembrete de que não devemos baixar nossos padrões só porque algo não foi feito antes. Imagine se ninguém tentasse alcançar a marca de zero acidente de trabalho ou bater o recorde de um quilômetro e meio em quatro minutos. Mensurações são importantes, assim como não deixar que os números determinem sozinhos o que é possível.

✚ Mensuração como ferramenta de orientação

Uma vez conhecidas, não guarde as mensurações para si mesmo – torne públicos os resultados. Lembre-se de que "quanto mais eles sabem, mais eles se importam" e certifique-se de que todos com quem trabalha possuem um entendimento claro de quais são os padrões de referência e de como estão se saindo de acordo com eles.

Mensurações podem ser uma ferramenta poderosa de orientação, se utilizadas de maneira correta. Números são difíceis de contestar, por isso podem ajudar as pessoas a se manterem concentradas nas áreas em que precisam melhorar, em vez de sentirem que são criticadas injustamente. Veja a seguir alguns fundamentos que se deve ter em mente para obter o máximo dessa ferramenta essencial de orientação.

CONCENTRE-SE NO ESSENCIAL: Mensurações não são úteis se causam confusão ou se há tantas delas que as pessoas acabam passando mais tempo selecionando uma do que as usando como guia para melhorar o desempenho. Há alguns anos, na Taco Bell, decidimos simplificar ainda mais nosso sinalizador de obsessão pelo cliente. Tomamos

Eu diria que o excesso de mensurações causa distorções. Procurei obter o conjunto certo de métricas e reduzi-las ao mínimo possível. Não quero dizer com isso que havia duas. No entanto, há que se limitá-las: por exemplo, quatro ou cinco métricas de real importância, que servirão como parâmetros de avaliação. Acho que as pessoas dizem: "Bem, sei lá, vou adicionar mais uma". Não se pode medir o desempenho com tamanha exatidão, e as pessoas ficam confusas em ter de reportar sobre algo que pode ou não ser fundamental.

– Larry Bossidy, autor de *Execution* [*Execução: a disciplina para atingir resultados*, Campus, 2004] e ex-vice-presidente do conselho de administração da GE e CEO da Allied Signal

conhecimento de que diversas organizações de primeira linha e com foco no cliente haviam criado um indicador simples, mas eficaz, para prever a fidelidade do cliente e o crescimento das vendas: o Recommend a Friend [recomende um amigo]. Se um cliente se mostrava disposto a colocar sua reputação em jogo para recomendar um produto ou serviço é porque estava emocionalmente comprometido com ele. Decidimos, então, medir com que frequência os clientes recomendavam a Taco Bell a amigos, fazendo desse indicador uma prioridade. Ainda coletamos dados sobre cada elemento do sistema CHAMPS e os entregamos aos gerentes-gerais dos restaurantes para ajudá-los a identificar em que precisam melhorar, mas o indicador Recommend a Friend é, atualmente, o único que utilizamos para definir os bônus, o que, sem dúvida, sinaliza a nossos gerentes a importância que atribuímos a isso. O novo padrão único de mensuração possui algumas vantagens reais, como assinala Tom Wagner, criador do programa: "É simples, fácil de entender e implementar". E tem gerado resultados melhores.

DIFERENCIE CLARAMENTE OS FUNCIONÁRIOS DE MELHOR DESEMPENHO: Não deprecie o reconhecimento distribuindo-o cada vez que alguém satisfaz expectativas básicas. Isso seria ofensivo a todos aqueles que se empenham para se superar. Quando Larry Bossidy conversou com nossa equipe de liderança, enfatizou a importância de "recompensar aqueles que fazem", ou seja, recompensar aqueles que alcançaram resultados tangíveis, mensuráveis. Quem você escolhe reconhecer provoca um efeito real, diferencia as pessoas, motiva-as e mostra para aqueles que não foram reconhecidos o que é preciso para progredir.

> *Estávamos com o foco errado. Em vez de medir o aspecto qualitativo da experiência, estávamos medindo as transações por hora, as vendas por hora, e esses indicadores começaram a orientar as decisões. E isso nos colocou em uma situação na qual não estávamos mais entregando o romance e o teatro qualitativo que constituía a marca. O negócio sofreu as consequências disso.*
>
> – Howard Schultz, CEO da Starbucks

Quando minha equipe e eu visitamos a Enterprise Holdings, maior locadora de automóveis do mundo, soube por meio de seu CEO, Andy Taylor, como a empresa utiliza as medições de satisfação do cliente para diferenciar e estimular os funcionários de melhor desempenho. Em cada filial, pede-se que os clientes avaliem o serviço prestado em uma escala de um a cinco, sendo "plenamente satisfeito" a nota máxima. Surpreendi-me ao saber que 82% dos clientes davam a nota máxima, o que é uma façanha e tanto. Para sustentar o objetivo de manter padrões muito elevados nessa área, a política da empresa é que nenhum gerente de filial seja promovido a menos que a nota de satisfação do cliente dele ou de sua equipe seja *melhor* do que a média do sistema. Como Andy me explicou: "Pensando bem, não estamos no ramo de locação de veículos. Estamos no ramo de satisfação do cliente".

TOME UMA ATITUDE QUANDO ALGO NÃO VAI BEM: Mensurações permitem que se perceba quando uma situação desandou, o que significa que é preciso promover mudanças. Gosto da atmosfera positiva

Em uma reunião de grupo, se você tiver um problema com uma pessoa que acha que está sendo irracional ou que não está aberta a novas ideias, é importante, assim que a reunião acabar, esclarecer a situação em particular. Acho que isso é muito útil. Em um encontro aberto, deve-se comemorar o sucesso e outras conquistas, mas antes que seja tarde demais e antes que a pessoa em questão se esqueça do comportamento que teve e do caso específico, você tem de discutir isso com ela. Às vezes, as pessoas dizem algo que não percebem que foi prejudicial ou inapropriado, e, se você abordá-las logo em seguida, se ilustrar a situação com um exemplo e se for em particular, elas vão agradecer.

– Micky Pant, presidente de Global Branding, Yum! Brands

que criamos na empresa como resultado de nossa cultura, mas o outro lado disso é que acabo tendo muitas conversas difíceis com as pessoas quando as coisas não funcionam como deveriam. Ao longo de minha carreira, tive a penosa obrigação de demitir muita gente. Gostamos de nos divertir no trabalho, mas também é o lugar onde ou você executa, ou... Deve-se incorporar os dois lados para ser bem-sucedido: comandar a celebração quando os resultados são satisfatórios e encarar a verdade quando eles deixam a desejar.

✚ Celebre os primeiros "touchdowns"

Se você estiver sabendo medir seu progresso e os indicadores de sucesso forem claros, todos saberão quando o progresso for alcançado, e isso lhe dará a oportunidade de celebrar seus feitos ao longo do caminho. E celebrar é fundamental. São experiências compartilhadas que mantêm as pessoas motivadas e envolvidas em alcançar o objetivo final.

Há alguns anos, assisti a um jogo da semifinal de futebol americano entre os times Cleveland Browns e Denver Broncos. Era um dia muito frio, com vento e neve para piorar a situação; uma atmosfera realmente difícil para manter o entusiasmo. A apenas cinco minutos do final do jogo, os Broncos perdiam por um touchdown, ou seja, seis pontos. Eles estavam com a bola em sua linha de duas jardas, e a derrota parecia certa. Mas o time, liderado pelo renomado quarterback John Elway, começou a conduzir a bola com determinação através do campo, jogada por jogada, first down após first down. No total, conseguiram nove first downs antes de finalmente marcarem um touchdown, faltando apenas 37 segundos do tempo regulamentar. Foi uma jogada incrível de 98 jardas para empatar o jogo, e o time de Denver acabou vencendo a partida na prorrogação.

Foi um jogo maravilhoso, mas o que mais me chamou a atenção foi a maneira pela qual todo o time celebrou cada um daqueles first downs. Nas laterais do campo, o restante do time aplaudiu e torceu em cada uma das jogadas. Pesquisas também mostraram como isso é importante: por exemplo, um estudo recente com jogadores de futebol americano descobriu que o time que celebra os pontos com mais entusiasmo geralmente vence o jogo.

É uma grande lição para qualquer líder: não espere pela vitória ou até cruzar a linha de chegada. Treinar as pessoas em desempenho sem um intervalo para celebrar as pequenas vitórias vai cansá-las. Sua missão como líder é determinar onde serão seus first downs. Se as vendas caíram 4% no último trimestre, mas neste baixaram

> *Nunca vi um jogador fazer uma cesta e ninguém agradecer. Se ninguém correr e apertar a mão dele, o outro time vai jogar e marcar pontos. Você tem de piscar o olho para ele, fazer um gesto positivo com a cabeça, apontar para ele ou algo assim. Tive um jogador que certa vez disse: "Bem, e se ninguém estiver olhando?" Eu respondi: "Alguém está olhando. Caso contrário, eu estarei."*
>
> – John Wooden, técnico de basquete da UCLA agraciado com o Hall of Fame

somente 3%, os resultados ainda não são positivos, mas é um êxito que vale a pena ressaltar. Entenda e comunique que ainda não está satisfeito e não quer ficar estagnado ali, mas dedique algum tempo para parabenizar a equipe por seguir adiante. Isso é progresso, e o progresso sempre merece ser celebrado. Sei que alguns acreditam que, se cumprimentarem seus funcionários pelo "bom trabalho", vão aliviar a pressão e a dedicação não será mais a mesma. Nesse caso, eu diria que o real problema é estar trabalhando com as pessoas erradas.

✚ Insights e ações

AUTORREFLEXÃO

Avalie-se em relação os seguintes itens abordados no Capítulo 13 – "Utilize o reconhecimento para promover o desempenho"	**Oportunidade de melhoria**	**Ponto forte**
1. Mensuro os resultados de que preciso, tanto os tangíveis quanto os intangíveis, e tomo a devida ação (celebrar ou corrigir o rumo).		
2. Dedico um tempo significativo para planejar e acompanhar o desenvolvimento de meu pessoal.		
3. Trato toda interação como uma oportunidade de inspirar e orientar os outros para proporcionar seu esforço máximo.		
4. Quando percebo um desempenho abaixo das expectativas, não hesito em orientar e, se necessário, agir.		
5. Quando avalio o desempenho, analiso o *que* foi alcançado e *como* foi alcançado.		

EXERCÍCIO

Dedique algum tempo para refletir sobre todos os aspectos que revelem que você está progredindo rumo a seu Grande Objetivo. Quais são os indicadores numéricos de sucesso desse seu projeto?

Lembre-se do Capítulo 10 em que falamos sobre cultura. Quais são os fatores "leves" que criam o ambiente de trabalho capaz de gerar o tipo de sucesso almejado? Como você e os membros de sua equipe estão se saindo nesse departamento?

Como líder, quanto tempo/esforço você dedica focando e/ou conversando sobre:

- Fatores tangíveis: __________
- Fatores intangíveis: __________

100%

14+ A mudança nunca termina

A ideia de que seu trabalho nunca está acabado é válida para seu objetivo e também para seu negócio como um todo. Como um dos membros de meu conselho de administração, Massimo Ferragamo, comentou certa vez: "Se alguém disser que as mudanças acabaram, ele é que estará acabado. Pessoalmente, acredito que todo ponto de chegada é um ponto de partida e sempre temos de pensar dessa maneira".

O negócio de Massimo é familiar, criado pelo pai, o que o coloca na posição singular de testemunhar quanto isso é verdadeiro no longo prazo. Quando ele começou a trabalhar nos Estados Unidos, com o intuito de tornar sua marca italiana de sapatos conhecida em um novo mercado, havia apenas um concorrente importante no mercado de calçados femininos e outro no de calçados masculinos. Sua equipe estudou todos os detalhes desses concorrentes, desde a precificação até o posicionamento, incluindo os incentivos dados aos vendedores. Ele afirma: "Perseguimos [os concorrentes] como se fossem nossos alvos. E a história de sucesso foi que vencemos os dois analisando exatamente o que faziam e procurando ser um pouco melhores do que eles".

Massimo recorda-se do processo contínuo de melhoria para alcançar esse objetivo. Eles nunca paravam de se perguntar como poderiam alcançar outra vantagem competitiva. No entanto, atualmente, outras empresas estão de olho em sua empresa e tentam evoluir da mesma forma. Há menos de uma década, nos Estados Unidos, ninguém vendia tantos sapatos como a Ferragamo, mas hoje em dia a concorrência cresceu consideravelmente. "A empresa era líder entre, talvez, dez marcas. Agora lutamos muito para manter a liderança entre setenta ou oitenta marcas. O cenário mudou completamente, e estamos de volta a uma situação em que temos de pensar do mesmo modo que há vinte anos, quando queríamos conquistar a posição de número um".

Brian Niccol, gerente-geral da Pizza Hut dos Estados Unidos, visitou recentemente o Google para obter alguns insights a respeito de como melhorar sua área de comércio eletrônico. Brian voltou com uma ideia que afetou não só seu objetivo, mas também sua perspectiva geral do negócio. Ele notou que no mecanismo de busca Google a equipe diz aos usuários quando estão no estado beta e ele quis saber o que significava isso. Jim Lecinski, diretor do Google, respondeu que eles estão "sempre em beta", isto é, em estado de alerta, e que anunciam esse fato aos usuários como uma promessa de melhoria contínua. A mensagem também serve para lembrar aos funcionários de que a mudança é a regra.

É um poderoso modo de pensar no mundo dos negócios. Niccol voltou para a empresa e falou com sua equipe a respeito de terem uma mentalidade "sempre em beta". Ele afirma que isso realmente "pressionou todos a adotar o pensamento inovador e se concentrar em fazer história, em vez de apenas falar nela".

✚ Mantenha o foco em seu Grande Objetivo

Para impulsionar a mudança desejada, você terá de manter o Grande Objetivo em primeiro plano em sua mente e na de seu público-alvo. As três melhores maneiras de manter o foco são: ter persistência, manter uma comunicação constante e competir como se estivesse em desvantagem, mesmo que não esteja.

PERSISTÊNCIA, PERSISTÊNCIA, PERSISTÊNCIA: Em negócios, pode haver muitos desvios de atenção e bastante ruído de fundo. Sua tarefa é descobrir como manter o foco no que realmente importa e não se desviar do rumo. Eu disse à minha diretoria que, no momento em que eu parar de falar sobre obsessão pelo cliente, podem pedir minha renúncia. Ainda temos muito progresso a fazer no que se refere a satisfazer nossos clientes, e, se eu não me concentrar nisso, sei que esse gesto indicará para o resto da organização que ela pode relaxar também – e nunca chegaremos lá. Aliás, o foco de minha mensagem de Ano Novo de 2011 foi que devemos tornar a excelência operacional nossa iniciativa empresarial número um, e revisei todos os principais documentos da Yum!, incluindo os princípios "Como vencer juntos", para dar a isso ainda mais ênfase. E, sobretudo, revisamos nossas prioridades e nos comprometemos a responsabilizar as pessoas pela obtenção de progressos significativos.

Mencionei anteriormente como as grandes empresas concentram processos e disciplinas em torno do que realmente importa, como manter as máquinas caça-níqueis funcionando em Las Vegas. Você também precisa ter processo e disciplina, no tocante a aplicar seus recursos – seu tempo, energia, know-how – para realizar o que planejou fazer.

COMUNICAÇÃO CONTÍNUA: Ajude a manter o foco no objetivo nunca deixando de se comunicar com seu pessoal. O conceito da propaganda de *alcance efetivo* refere-se ao fato de que as pessoas só começam a ser afetadas pela mensagem quando a escutam ao menos quatro vezes. O mesmo é válido para a mensagem do líder. Você precisa repetir constantemente o que pretende alcançar, por que e como planeja fazer isso.

Certa vez, escutei uma história sobre o CEO da Brown & Williamson, que ficou tão apaixonado por uma nova campanha que a agência emoldurou as provas para pendurar em sua parede. Todos os dias ele as observava e, passado algum tempo, decidiu que era o momento de convocar seu diretor de contas. "Sabe, acho que precisamos de uma nova campanha", o CEO disse. "Essa já cansou." O diretor perguntou: "O que você quer dizer com 'já cansou'? Esses anúncios ainda nem foram veiculados. Demos a você as provas, mas os anúncios só vão chegar às revistas na próxima semana".

É com isso que a liderança se parece. Esquecemos quão perto estamos do trabalho que executamos, mas, na realidade, nos concentramos muito mais nele do que qualquer outra pessoa. Isso significa que, mesmo que você ache que a mensagem que está tentando difundir é uma notícia velha àquela altura, provavelmente não o será para os demais.

Quando realizo meu curso, não suponho que todos os participantes absorveram totalmente os conceitos discutidos em três dias juntos. Faço acompanhamento, para me certificar de que a mensagem está superando os obstáculos e as pessoas não voltam a seus escritórios para continuar com hábitos antigos. Recebo relatórios de progresso em relação aos Grandes Objetivos após quarenta dias. Em troca, envio-lhes atualizações frequentes sobre como utilizei as lições do curso para melhorar meu próprio desempenho. Dou palestras pela internet para me conectar com os participantes e escrevo um blog regular que todos da empresa podem ler, independentemente do país em que estão.

Permita-me um comentário à parte: quando escrevi no blog sobre o nascimento de minha

Primeiro, onde quer que você esteja na empresa, verá algo sobre "desempenho com propósito". Segundo, em toda palestra que dou, sempre me refiro a "desempenho com propósito". E todos os altos executivos da empresa também aprenderam a falar sobre "desempenho com propósito". Todos os anos, quando publicamos o relatório anual, os consultores vêm invariavelmente com uma nova ideia para a capa. Eu lhes digo: "Não se deem ao trabalho. Enquanto eu for a CEO, será 'desempenho com propósito' ". No primeiro ano, foi "Desempenho com propósito"; no segundo, "Desempenho com propósito... A jornada continua"; e, no terceiro, "Somos desempenho com propósito". Ou seja, não importa a sugestão, desde que tenha as palavras "desempenho com propósito".

– Indra Nooyi, CEO da PepsiCo

> *Na realidade, é mais divertido ser alguém que surgiu do nada, alguém de quem não se espera nada de bom, e lutar para ter sucesso nas ligas principais ou no Super Bowl. No entanto, se você for um dos líderes, sofrerá mais ataques. Não se pode ser arrogante e dizer: "Bem, nós somos os líderes". É preciso dizer para as pessoas: "Ok, agora estamos nas ligas principais e queremos chegar aos jogos decisivos, no Super Bowl, todos os anos". E nossa disciplina tem de ser: vamos ser os mais rápidos, os mais obstinados, os mais enxutos, em um nível muito mais disciplinado e profundo, pois muitos virão atrás de nós. Quando falo sobre competição, sempre lembro a nosso pessoal que os adversários existem e estão vindo. Portanto, não devem gastar muito tempo pensando em como jogaram bem na última partida, mas sim no fato de que eles estão se aproximando.*
>
> – Jamie Dimon, presidente do conselho de administração e CEO do JPMorgan Chase

neta, Audrey Louise Butler, obtive muito mais feedback do que em relação a qualquer outra coisa que já havia escrito. Coisas assim ajudam a tornar uma grande empresa mais acolhedora e mantêm a comunicação fluindo. Deve-se descobrir maneiras de manter os canais abertos entre você e seu pessoal.

LUTE COMO SE ESTIVESSE EM DESVANTAGEM: Todos os dias, você deve ir trabalhar acreditando que terá êxito, mas com o intuito de disputar como se estivesse atrás no placar. Essa atitude lhe dará a melhor probabilidade de sucesso. A complacência é uma das maiores assassinas da iniciativa, mas, se você entender que seu plano poderá se desintegrar a qualquer momento, isso o manterá em alerta. Você continuará procurando identificar o negócio inacabado, equacionar o que não está funcionando para fazer alterações e se manter focado nas mudanças do mercado que podem afetar seu resultado.

Sam Su, nosso CEO na China, faz isso melhor do que qualquer líder que já conheci. Seja qual for o sucesso alcançado, ele e sua equipe se desafiam constantemente para melhorar o nível e não se conformar com o status quo. O resultado é um desempenho fora de série ano após ano.

O oposto me faz lembrar da eleição presidencial de 1948, em que Truman venceu Dewey, ainda que a probabilidade de ele se reeleger parecesse quase nula. Não foi só uma questão de Truman jogar melhor que o adversário – ocorre que, perto do final, Dewey conduziu sua campanha como se já estivesse ganha. Os dois percorreram o país de trem para se conectar com os eleitores, mas como David McCullough, biógrafo de Truman, descreveu: "Dewey nunca viajava para muito longe e seguia em um ritmo vagaroso. E fez bem menos discursos". Na realidade, ele expressava seu ponto de vista para os companheiros do partido republicano que encontrava ao longo da campanha: "Quando estiver liderando, não fale", ele dizia. Como não há menção a um presidente Dewey nos livros de história dos Estados Unidos, todos nós sabemos que essa estratégia não funcionou muito bem. Se Dewey tivesse ignorado a badalação acerca de sua vitória inevitável e feito campanha como um candidato atrás nas pesquisas de opinião, as coisas poderiam ter acabado de maneira diferente.

Ferramenta: "PERGUNTAS DE AUTOESTÍMULO"

Estímulo: algo que incita ou preconiza a ação.

Estou sempre fazendo a mesma coisa?

Estou destinado a produzir somente resultados *comuns*?

Inconscientemente, aceito o *status quo* e trabalho satisfeito com a situação?

O desempenho inovador vem quando você desenvolve uma insatisfação saudável com o *status quo*, mesmo que esteja se saindo bem. Sou um estimulador por natureza, pergunto constantemente às pessoas quando algo vai ficar pronto, como elas vão solucionar os problemas ou melhorar o desempenho etc. Mas essa ferramenta é algo que aplico a mim mesmo. Internalizo o instinto estimulador para assegurar que não estou ficando complacente. Como já mencionei, no mundo dos negócios, sempre há coisas inacabadas, mais coisas a serem feitas, mais maneiras de melhorar. Isso é o que o torna empolgante.

Para evitar qualquer acomodação em relação ao progresso já alcançado, faça-se perguntas como:

Que diferença estou realmente fazendo nessa área?

Qual é a diferença de meu desempenho em comparação com o de dezenas de milhares de pessoas como eu, que trabalham em projetos similares, em milhares de outras organizações?

Estou realmente fazendo algo especial ou estou me iludindo?

Quero realmente fazer uma grande diferença ou estou me enganando, visando fazer apenas um pouco melhor?

Haverá realmente algo em meus esforços que sentirei orgulho de compartilhar com meus familiares?

✚ Procuram-se amantes da mudança

Enquanto fazia pesquisa para seu livro *Good to Great* [*Empresas feitas para vencer*, HSM Editora, 2013], Jim Collins indagou a um executivo sobre como a empresa dele tinha se tornado tão grande e obteve como resposta: "Para entender isso, você precisa compreender uma coisa: podemos nos empolgar, mas nunca nos contentar". O que isso significa, Collins me explicou, é que "toda vez que a barra alcança um nível, estamos realizados nesse nível, e a barra volta a subir. É um processo sem fim. E retomamos a questão de ter na equipe as pessoas certas *versus* as pessoas erradas. As pessoas certas são as únicas que realmente gostam desse desafio".

Scott Bergren, nosso CEO da Pizza Hut, considera esse tipo de pessoa uma viciada em mudança, e a melhor para ter por perto. Também é o tipo de pessoa que queremos ser. O técnico de golfe Bob Rotella certa vez me revelou o que mais admirava no grande Jack Nicklaus, famoso jogador de golfe norte-americano: "O que mais me impressionou em Nicklaus foi ele conseguir manter a motivação durante trinta anos. Ele não tinha aquela garra inacreditável só quando era pobre e ainda não vencera nada. Ele manteve uma motivação e uma garra fora do comum mesmo depois de se tornar rico e bem-sucedido e todos o bajularem. O incrível foi ele manter isso".

> *Sabe, uma das coisas mais difíceis é se manter motivado. A maneira que encontrei de me manter motivado é me cercar sempre de pessoas que são melhores, mais inteligentes, mais ágeis e mais capazes. Elas me mantêm atento. Você deve se perguntar: "Ora, por que elas são melhores, mais inteligentes, mais ágeis?". Se não conseguir achar respostas, chegou o momento de sair do caminho. Se achá-las, descobrirá quais são suas necessidades e começará a lidar com elas.*
>
> – Bob Holland, diretor administrativo e membro do conselho consultivo do Essex Lake Group

Você saberá que se cercou das pessoas certas e fez um bom trabalho de sensibilizá-las quando suas próprias mensagens começarem a voltar para você. Mencionei anteriormente como Tom Ryan, da CVS/Caremark, ficou feliz quando seus funcionários lhe disseram que se sentavam no mesmo lugar para almoçar todos os dias porque era "fácil e eficaz". Foi assim que ele soube que seus esforços de comunicar a nova visão

> *Se você correr uma maratona, terá de investir em muitas semanas de treinamento. A diferença entre um bom corredor e um grande corredor é: o grande corredor treina nos dias em que o bom corredor prefere dormir ou ficar em casa. Ao considerar a carreira de uma pessoa – e isso, sem dúvida, aplica-se à minha –, nada acontece de maneira linear. Há anos em que você anda de lado. Há vezes em que você anda para trás e fica frustrado. No entanto, a capacidade de aparecer todos os dias, tentar fazer o máximo e tentar continuar avançando cria as oportunidades. O sucesso chega de maneira irregular.*
>
> – Steve Burke, CEO da NBCUniversal e corredor fanático

da empresa estavam funcionando. Algo parecido aconteceu comigo não faz muito tempo, em um encontro de fim de ano com investidores. Apenas algumas semanas antes, a revista *Fortune* tinha me colocado na décima quarta posição em sua lista dos executivos mais influentes no mundo dos negócios. Considerei aquilo um prêmio para a equipe, pois o único motivo pelo qual eu estava na lista era o trabalho árduo de nosso pessoal, que foi o que determinou nosso histórico de sucesso. Mas, pessoalmente, o que significou mais para mim foi quando Rick Carucci, nosso diretor financeiro, interrompeu sua apresentação aos investidores para me entregar seu prêmio pessoal de reconhecimento. Chamado de Show Me the Money Award, consiste em um cofrinho transparente em forma de porquinho e uma cópia do filme *Jerry McGuire – A grande virada*, a origem da frase.

Embora seja um tanto embaraçoso ser reconhecido diante de investidores, senti orgulho de ser alvo do reconhecimento que eu mesmo tinha criado dezessete anos antes, quando entreguei como prêmio minha primeira galinha de borracha. Fiquei ainda mais satisfeito ao ver que Rick se sentiu à vontade de protagonizar um momento de descontração comigo em um encontro tão formal com investidores. Depois de me entregar o prêmio, ele fez uma apresentação de slides ao estilo Letterman, expondo os cinco principais motivos pelos quais eu estava na lista: porque "somente quinze pessoas preencheram o formulário" e porque tive "muita ajuda do diretor financeiro". O motivo número um, segundo Rick, foi que eu "obtive notas altas nas competições de traje de banho", e foi mostrada uma foto minha não muito lisonjeira. Geralmente, os encontros de investidores são muito sérios, por isso foi bom ver todos dando risada, mesmo que tenha sido à minha custa. Descobri que há um desejo universal por reconhecimento, e não sou exceção. Ainda significa muito para mim ser reconhecido pelo que faço. Foi um grande exemplo de como motivar as pessoas e de nossa cultura funcionando da maneira que sempre imaginei. Após todo o trabalho árduo que investi, foi como se Rick dissesse publicamente para mim: "Mensagem recebida".

Ferramenta: "AMANHÃ É O PRIMEIRO DIA DE..."

	HOJE – *Status quo*	AMANHÃ – *Primeiro dia...*	RESTANTE DE MINHA... *... Carreira*
... Meu tempo com minha(meu) parceira(o)			
... Meu tempo com meus filhos			

O que você fará de maneira diferente para conseguir progredir de maneira radical? Nunca é tarde para melhorar seu desempenho ou mudar suas atitudes.

Utilize esta ferramenta para liberar sua mente e perseguir o futuro perguntando-se:

Se amanhã fosse um começo totalmente novo para esse projeto, o que eu faria de maneira diferente? Quais grandes progressos posso imaginar? Como posso começar a fazer isso acontecer hoje?

✚ Insights e ações

AUTORREFLEXÃO

Avalie-se em relação aos seguintes itens abordados no Capítulo 14 – "A mudança nunca termina"	**Oportunidade de melhoria**	**Ponto forte**
1. Persisto em cumprir os compromissos.		
2. Sou capaz de identificar problemas precocemente e estimular minha equipe a lidar com eles.		
3. Com frequência, verifico minha insatisfação com o status quo, para identificar novos desafios.		
4. Reconheço a necessidade de ajustar o rumo com base em novo conhecimento ou novas circunstâncias.		
5. Mantenho a energia positiva mesmo em tempos de crise.		
6. Continuamente, trabalho para manter minha vida equilibrada, reservando tempo para descansar e recarregar a energia.		

EXERCÍCIO

Pense no esforço diário que você investe em seu Grande Objetivo. Quantos dias da semana você se dedica *totalmente* a seu desafio? Quantos dias você se dedica mais ou menos a seu desafio?

O que você pode fazer para eliminar o tempo que passa na zona do mais ou menos?

✚ Download de aprendizagem da Parte III: Persista para obter resultados

- Não é só o que você diz, mas como diz. É necessário vender seu objetivo para as pessoas, **promover a mudança**, assim como se vende um novo produto para um cliente. Quanto mais instigante seu Grande Objetivo parecer às pessoas, mais dispostas elas ficarão a contribuir para alcançá-lo.
- Como ocorre com qualquer objetivo, **há barreiras ao sucesso a serem superadas**. Você tem de se certificar de que consultou todas as pessoas sobre o que pensam a respeito dos problemas, pois elas podem enxergar coisas que você não viu.
- Você precisa medir o progresso rumo a seu objetivo para ter certeza de que está no caminho certo. **Reconhecer** o progresso que se faz ao longo do caminho e daqueles que realizam um trabalho extraordinário motivará as pessoas.
- O sucesso real vem do reconhecimento de que sempre há mais para saber e mais para fazer, e de que o líder nunca pode dar uma trégua. **A mudança nunca termina**, e isso se aplica igualmente ao desenvolvimento de seu negócio e de si mesmo.

Para refletir mais sobre essas lições e colocá-las em prática, revise suas respostas às perguntas dos *Exercícios* e das *Autorreflexões* no fim de cada capítulo. Em seguida, responda às seguintes perguntas, que o ajudarão a determinar onde você precisa concentrar seus esforços ao máximo no desenvolvimento de suas habilidades como líder.

- O que mais o surpreendeu durante a leitura dos capítulos da Parte III – "Persista para obter resultados"?
- Entre os itens que o surpreenderam, cite dois ou três que, se fossem desenvolvidos, teriam o maior impacto sobre seu Grande Objetivo.
- O que você começará a fazer de maneira diferente amanhã como resultado do que você aprendeu na Parte III?

Novamente, as histórias a seguir são de pessoas que participaram de meu curso de liderança e encontraram dificuldades para maximizar seus potenciais em áreas específicas. Espero que você se inspire com a atitude que Cheryl e Keith tomaram a respeito do que lhes era difícil.

CHERYL SOBRE "PROMOVA A MUDANÇA"

Eu ficava realmente decepcionada quando, após muitos anos de avaliações de desempenho, recebia o mesmo feedback de que dava a impressão de não ter muita energia positiva. Na verdade, isso fez sentido para mim quando entrevistava um candidato a uma vaga na empresa. Nas entrevistas, sempre sou efusiva sobre nossa cultura, e, daquela vez, não foi diferente. Falei a respeito de como era um lugar positivo para trabalhar, como todos acreditavam em deixar o trabalho divertido e como aquilo causava níveis elevados de realização. Enquanto falava, de repente me dei conta de que eu era um "mau anúncio" para o tipo de cultura que devia promover como líder de RH. Alguns dias depois, tomei uma atitude um pouco radical para sair daquele estado e conseguir que os outros começassem a me ver de maneira diferente. No início de uma reunião do departamento, para chamar a atenção de todos, comecei espontaneamente a fazer a seguinte saudação a meu grupo: "Estou motivada, e você?", ao que todos responderam: "Estamos motivados, e você?". Foi bem bobo, mas todos riram, e o nível de energia da sala se elevou imediatamente. Além disso, captei a atenção de todos, e pudemos começar a reunião. Agora, faço essa saudação toda vez que eu (ou alguém de meu departamento) preciso de um estímulo. Ajuda a me manter confiante, e já posso dizer que as pessoas estão interagindo de modo diferente comigo.

KEITH SOBRE "ALGUMAS PESSOAS VÃO DIZER QUE NÃO É POSSÍVEL"

Sou um adepto natural de consensos. Gosto de promover discussões abertas e francas com minha equipe. Por outro lado, não sou muito confrontador. Nunca me senti muito à vontade com negatividade ou conflito, por isso tendo a ignorá-los. Isso aconteceu recentemente, quando minha equipe e eu trabalhávamos em um grande projeto e conseguíamos um grande progresso, exceto por um integrante que dizia que era tudo uma perda de tempo. Ele achava isso desde o início, e nos disse o motivo, mas decidimos seguir em frente. Mas ele não desistiu. Em todas as reuniões que tínhamos sobre o projeto, comentava que podia estar aproveitando melhor seu tempo. Finalmente, achei que não tinha outra opção: fui ao RH e pedi sua transferência.

A grande lição para mim foi a credibilidade que conquistei perante minha equipe. Fiquei preocupado se eles pensariam que eu havia sido muito duro ou, pior, se temeriam pela estabilidade de seus cargos. Mas foi exatamente o contrário. Na realidade, gostaram do que fiz. Um deles até disse que foi como se eu os tivesse defendido ao livrá-los daquele rapaz. Percebi, então, que era exatamente assim que eu queria que eles se sentissem.

Epílogo
SEJA SEU PRÓPRIO GRANDE OBJETIVO: PASSE DO EU PARA O NÓS

Meu desafio a você, ao terminar de ler este livro, é evitar uma recaída para hábitos consagrados. Em vez disso, espero que aproveite esta oportunidade para fazer as coisas de maneira diferente e que pense que está, não no final de um livro, mas na plataforma de lançamento para um novo modo de pensar e um novo modo de liderar.

Volte, por um momento, para a ferramenta que lhe apresentei no Capítulo 1: "Imagine uma mudança significativa". Ela pede que pense no progresso como uma série não de pequenos passos, mas de saltos potencialmente grandes para a frente. Reflita sobre como você poderia aplicar esse tipo de pensamento àquilo que aprendeu neste livro. Geralmente, lemos um livro de negócios, extraímos algumas lições de sabedoria dele e, em seguida, o guardamos na prateleira, onde cairá no esquecimento. Mas e se desta vez as coisas fossem diferentes? E se você realmente fizesse mudanças significativas em sua vida e carreira, começando do ponto em que estamos agora?

Se quiser que isso aconteça, terá de definir alguns Grandes Objetivos sobre o que almeja obter deste livro. De meu ponto de vista, você agora *tem* dois grandes projetos para desenvolver: o primeiro é o Grande Objetivo que definiu para si no Capítulo 1; o segundo projeto é você. Resta saber se dará pequenos passos ou grandes saltos à frente nessas duas áreas. A escolha é inteiramente sua.

Ao trabalhar no projeto que é você, estimulo-o a pensar nisso da mesma maneira que faria para alcançar qualquer objetivo: identifique aquilo que deseja mudar, elabore um plano para melhorar a si mesmo e suas habilidades, defina prazos e padrões de referência e procure feedback e ajuda. Na realidade, acho que faz muito sentido trabalhar nesses dois projetos em paralelo, porque realizar projetos maiores e aperfeiçoar-se andam juntos. Realmente, não se pode fazer um sem o outro.

✚ Do eu para o nós

Considero uma história de minha carreira a metáfora perfeita de que mostrar o melhor de si torna alguém melhor naquilo que faz. Quando eu estava na PepsiCo, costumávamos lidar com diversas celebridades. Uma das mais inesquecíveis foi o jogador de basquete Magic Johnson. Éramos um de seus patrocinadores quando ele divulgou para o mundo que era portador do vírus HIV. A notícia foi um choque, e alguns dos patrocinadores o abandonaram pouco depois. Recebemos uma ligação de seu agente dizendo que ele e Magic queriam vir a Nova York para conversar com Craig Weatherup, o chefe da PepsiCo na época, e comigo. Queriam saber se continuaríamos patrocinando Magic.

A facilidade com que Craig e eu tomamos a decisão me impressionou. Sabíamos que aquilo em que acreditávamos era a coisa certa a fazer, e fomos adiante sem pestanejar. Sem rodeios, dissemos a Magic que queríamos continuar trabalhando com ele. Com essa questão resolvida, tivemos a oportunidade rara de conversar com o jogador.

Uma das primeiras coisas que eu quis saber foi sobre sua infância e adolescência. Bem, ele era um dos melhores atletas de toda NBA, e eu estava curioso para saber mais como era quando ele jogava na escola.

"Comecei a jogar quando criança, e ganhávamos por margens muito altas, como 80 a 20. E eu marcava 65 desses pontos. O problema era que, ainda que estivéssemos ganhando, ninguém ficava feliz. As outras crianças não ficavam felizes, os pais não ficavam felizes e, em consequência, eu também não ficava feliz."

"De repente, entendi que a melhor maneira de consertar as coisas era envolver mais pessoas. E tomei a decisão de me tornar o melhor armador de jogadas. Depois disso, não ganhávamos mais com aquela margem tão grande, mas continuávamos a ganhar. O placar era de 70 a

30, e eu marcava só cerca de 40 desses pontos, enquanto o resto do time marcava os outros 30. Mas todos participavam, todos faziam cestas e todos estavam felizes."

Quando ingressou na NBA, o objetivo de Magic era se tornar o maior campeão de assistências de toda a história da liga. Ele disse a Kareem Abdul Jabbar, seu companheiro de equipe no Lakers, que ia ajudá-lo a se tornar o maior cestinha da NBA e cumpriu a palavra. Quanto a James Worthy, ele se comprometeu a ajudá-lo a formar o time All-Star pela primeira vez, o que também aconteceu. Byron Scott acabou com a maior quantidade de cestas de três pontos em comparação com qualquer outro jogador, e Magic serviu-o em muitas delas. Quando marcou o ponto que quebrou o recorde, tornando-o o maior cestinha de todos os tempos da NBA, Kareem correu para abraçar Magic, dizendo: "Você me disse que faria isso. Você me disse".

"Essa foi a melhor coisa", afirmou Magic.

Depois, pensei muito naquela história e no que ela significava da perspectiva da liderança. Percebi que Magic aprendeu cedo o poder de motivar as pessoas. Ele favoreceu o time em detrimento de si mesmo e melhorou a situação para todos, inclusive para si mesmo.

Essa é a essência da liderança. Na realidade, há duas maneiras de encarar seu crescimento como líder: você pode praticar seu arremesso repetidas vezes até conseguir fazer isso de olhos fechados, ou se esforçar para ser ótimo em assistência, colocando os outros em condições de fazer arremessos a seu lado.

Isso não significa que Magic não fazia cestas quando necessário. Lembro-me muito bem de assistir a um jogo em que Kareem estava lesionado e, assim, Magic assumiu a posição dele como pivô. Embora acostumado a jogar como armador, ele estava pronto para a ocasião e fez todo tipo de jogada, levando seu time à vitória contra o Boston Celtics. No entanto, Magic alcançava o ápice quando apoiava os membros de sua equipe e os motivava.

Sinceramente, acredito que levar as pessoas com você é a *verdadeira* missão de todo líder, não algo que possa ser delegado. Espero ter mostrado ao longo destas páginas como é fundamental para o sucesso de seu negócio que você pense no pessoal com quem trabalha da mesma maneira que Magic Johnson pensava em seus companheiros de equipe. Se você é uma única pessoa capaz de realizar grandes projetos, isso é muito bom, mas o levará somente até certo ponto. Se puder ajudar toda uma equipe ou organização cheia de pessoas a alcançar grandes objetivos, será impossível estimar o que poderão realizar juntos. Cabe a você, como líder, assegurar isso.

Ao finalizar este livro, lembro-me de algo que testemunhei não faz muito tempo, enquanto viajava. Era manhã de sábado, e eu lia o jornal na piscina do hotel. Levantei os olhos e vi uma mulher caminhar até a piscina. Ela colocou a ponta do pé na água fria e começou a entrar na piscina, pouco a pouco. Era realmente curioso ver aquilo, pois ela levava muito tempo para fazer algum progresso. A mulher tremia e fazia caretas o tempo todo, mal progredindo em seu intento de entrar na piscina.

Enquanto isso, um rapaz passou correndo por ela e saltou para dentro da piscina, como uma bala de canhão. Atingiu a água com um estardalhaço que chamou a atenção de todos e provocou ondas que se moveram de um lado para o outro. Acho que você tem escolha. Pode analisar as lições que aprendeu neste livro e, de vez em quando, interessar-se por elas, o que provavelmente não fará muita diferença em sua vida nem na dos outros. Ou pode agir com impulsividade, colocar em prática essas lições e criar ondas que ajudarão você e aqueles a seu redor a alcançar tudo de que são capazes. Espero que você escolha ser um gerador de ondas e receba toda a alegria e os resultados que vão frutificar disso.

Agradecimentos

Este livro deriva do curso de liderança "Levando as pessoas com você", que tive o privilégio de ministrar para mais de quatro mil líderes e franqueados da Yum!. Em primeiro lugar, agradeço a todos os que participaram do curso e seguiram o roteiro. Juntos, aplicaram as lições aprendidas e alcançaram os resultados que dão credibilidade a esta obra. Em particular, agradeço àqueles que me perguntaram ao final do curso: "Por que você não escreve um livro?", o que me inspirou a escrevê-lo.

Em relação ao curso, meu agradecimento a Tim Galbraith por ter me acompanhado em seu desenvolvimento nos últimos catorze anos. Ele me ajudou constantemente a melhorar o curso e este livro com suas ideias criativas e contribuições substanciais. Também sou grato à Anne Byerlein, minha atual diretora de recursos humanos, e a Gregg Dedrick e Peter Hearl, ex-líderes de recursos humanos, por me ajudarem a ministrar as aulas. Eles viajaram comigo pelo mundo, contribuindo com energia positiva e insights.

Agora, em relação ao livro. Foi uma grande alegria trabalhar com Christa Bourg, que me ajudou a escrevê-lo. Ela participou de meu curso diversas vezes, entendeu exatamente o que eu queria comunicar e captou meu estilo. Agregou muito valor e trabalhou de forma incansável para obter o melhor produto possível. Se você gostou do livro, Christa merece muito crédito. Também sou grato a Jim Levine, meu agente literário, e a Adrian Zackheim, meu editor, que demonstraram incansavelmente por que são reconhecidos como os melhores em suas respectivas áreas. Jonathan Blum, meu parceiro, amigo e diretor de relações públicas, foi providencial em reunir essa equipe classe A e me ajudou a tornar o livro o que ele é.

Tive a incrível bênção de conhecer os melhores e mais brilhantes – mais uma vez, quero agradecer ao "elenco de especialistas" e à diretoria da Yum! Brands. Sinceramente, aprecio a maneira pela qual vocês, de tão bom grado, compartilharam seu know-how comigo e, agora, com os leitores deste livro. Em especial, sou grato a John O'Keeffe por me permitir usar as ferramentas Business Beyond the Box. Estas, mais as fornecidas por Larry Senn, ajudaram a tornar esta obra interativa e a inspirar a reflexão pessoal.

Também tive a sorte de trabalhar com diversos orientadores de primeira classe: Jim Walczy, Tom James, Howard Davis, Steve Reinemund, Craig Weatherup, Roger Enrico e os falecidos Wayne Calloway e Andrall Pearson. Em particular, foi o ápice de minha carreira ser orientado por Andy, que não só me transmitiu seu conhecimento inigualável, como também era meu melhor amigo quando morreu, jovem, aos 80 anos.

Muito obrigado à minha família. Jean e Charles Novak são o tipo de pais amorosos e encorajadores com que qualquer filho sonha. Wendy, minha mulher, é uma companheira incrível e me desafiou a aprimorar este livro. Por fim, e igualmente importante, desejo agradecer a minha filha, Ashley Novak Butler, que leu cada capítulo da posição favorável de uma líder promissora e me deu contribuições inestimáveis de como tornar o livro mais significativo e relevante para leitores em todos os níveis.

Deus me abençoou com uma vida repleta de experiências incríveis e pessoas maravilhosas. Foi uma verdadeira alegria transmitir a você o que aprendi ao longo dos anos. Obrigado por comprar este livro. Todos os lucros serão destinados ao Programa de Alimentação Mundial das Nações Unidas, em nosso esforço permanente de salvar a vida de crianças famintas em todo o mundo.

Elenco de especialistas

Moataz al-Alfi – CEO da Egypt Kuwait Holding e presidente do conselho de administração da Americana Group, Egito

Graham Allan – CEO da Yum! Restaurants International

Scott Bergren – CEO da Pizza Hut, Estados Unidos

Ken Blanchard – Cofundador e diretor espiritual da Ken Blanchard Companies; escritor

Lawrence Bossidy – Ex-vice-presidente do conselho de administração da General Electric; ex-CEO da AlliedSignal

Jamie Brunner – Fundador da Kinetix Nutrition and Fitness

Warren Buffett – Presidente do conselho de administração e CEO da Berkshire Hathaway

Stephen Burke – CEO da NBCUniversal

John Calipari – Técnico da equipe de basquete masculino da Universidade de Kentucky

Jim Collins – Autor de livros de negócios (*Built to last* e *Good to great* [*Feitas para durar*, Rocco, 2007, e *Empresas feitas para vencer*, HSM Editora, 2013])

David Cote – CEO da Honeywell International

Greg Creed – CEO da Taco Bell, nos Estados Unidos

Jamie Dimon – Presidente do conselho de administração, presidente e CEO do JPMorgan Chase & Co.

David Dorman – Presidente do conselho de administração e diretor presidente da Motorola, Inc.

Howard C. Draft – Presidente executivo do conselho de administração da Draftfcb

Roger Eaton – CEO da KFC, Estados Unidos
Massimo Ferragamo – Presidente do conselho de administração da Ferragamo USA
Michael Francis – Vice-presidente executivo e diretor de marketing da Target Corp.
David Grissom – Presidente do conselho de administração da Mayfair Capital e da Glenview Trust
Bonnie Hill – Presidente da B. Hill Enterprises
Bob Holland – Diretor administrativo e membro do conselho consultivo da Essex Lake Group
Jeffey Immelt – Presidente do conselho de administração e CEO da General Electric
Kenneth Langone – Presidente e CEO da Invemed Associates; cofundador da Home Depot
Jon Linen – Consultor do presidente do conselho de administração da American Express Company
Alan Mulally – CEO da Ford Motor Co.
Thomas C. Nelson – Presidente e CEO da National Gypsum Company
Indra Nooyi – Presidente do conselho de administração e CEO da PepsiCo
John O'Keeffe – Criador e autor de *Business beyond the box*
Micky Pant – Presidente de Global Branding da Yum! Brands
Andrall Pearson – Falecido presidente do conselho de administração e CEO fundador da Yum! Brands
Lee Raymond – Ex-presidente do conselho de administração e CEO da Exxon-Mobil
Bob Rotella – Especialista em psicologia do esporte e autor de *Golf is not a game of perfect* [Golfe não é o jogo da perfeição, sem edição brasileira]
Thomas Ryan – Ex-presidente do conselho de administração, presidente e CEO da Caremark Pharmacy Services, CVS Caremark Corporation
Howard Schultz – Presidente do conselho de administração, presidente e CEO da Starbucks

Larry Senn – Presidente do conselho de administração e fundador da Senn Delaney; especialista em cultura corporativa

Jim Stengel – Presidente do conselho de administração e CEO da Jim Stengel Company; professor adjunto da Anderson School of Management, UCLA

Randall Stephenson – Presidente do conselho de administração e CEO da AT&T

Sam Su – Vice-presidente do conselho de administração da Yum! Brands; presidente do conselho de administração e CEO da Yum! China

Noel Tichy – Professor de comportamento organizacional e gestão de recursos humanos da Ross School of Business da University of Michigan

Bob Walter – Ex-presidente do conselho de administração e CEO da Cardinal Health

Jack Welch – Ex-presidente do conselho de administração e CEO da General Electric

William Weldon – Presidente do conselho de administração e CEO da Johnson & Johnson

John Wooden – Falecido técnico de basquete da UCLA, agraciado com o Hall of Fame

Índice remissivo